MARMITA VEGANA

Daniela Lais
Jérôme Eckmeier

MARMITA VEGANA

Rápida, fácil, acessível a qualquer hora e em qualquer lugar

Fotos de Brigitte Sporrer

PUBLIFOLHA

SUMÁRIO

INTRODUÇÃO

Mesmo nos dias mais atribulados, seu estômago vai roncar na hora do almoço. Mas então seu telefone toca e você precisa enviar um e-mail antes de buscar algo rápido para comer... Você mal percebe, e seu horário de almoço acabou. A situação lhe é familiar?

Todos gostaríamos que nossa refeição do meio do dia fosse saudável e repleta de frutas e legumes frescos. Porém, no mundo real, as boas intenções são com frequência sobrepujadas pela falta de tempo, e nós acabamos indo de novo à lanchonete sem graça da esquina.

Se você procura algo vegano, pode tirar a sorte grande mesmo num local desses. Hoje, cada vez mais cafés oferecem lanches sem ingredientes de origem animal. Trata-se de um grande progresso. Ainda assim, às vezes você se vê em uma verdadeira caça à comida. E sejamos honestos: com frequência o que encontra passa longe de uma refeição equilibrada.

Não surpreende que vegetarianos ou semivegetarianos prefiram carregar marmita para o trabalho. Em uma pesquisa, viu-se que, de 3.500 vegetarianos, 75% levavam o próprio almoço várias vezes na semana. O tipo de receita que eles buscam é balanceada, simples e rápida. E é exatamente o que você vai encontrar neste livro. Aqui há várias ideias veganas para marmitas clássicas, como sanduíches coloridos e pratos frios – que ocupam o topo da lista dos participantes de nosso estudo –, assim como sopas e pratos quentes que podem ser aquecidos no escritório, garantindo um almoço delicioso e sem estresse.

E se você está se perguntando quando terá tempo para preparar essas refeições, aqui vai uma dica: de vez em quando, reúna a família ou os amigos no domingo para uma sessão culinária. Cortar, refogar e assar na companhia dos outros será bem mais divertido do que se você fizesse tudo sozinho, e no fim de tudo sua geladeira vai estar repleta de iguarias veganas para montar uma marmita personalizada.

Atenciosamente, Sebastian Joy
Diretor da Sociedade Vegetariana da Alemanha

EMBALE BEM

Existe uma grande variedade de marmitas. Escolha uma resistente e hermética, para evitar vazamentos. Compre um recipiente grande, um médio e um pequeno feitos de aço inoxidável, plástico reciclado ou matéria-prima renovável. Adquira também um recipiente isolante para sopas ou pratos quentes e um frasco a vácuo para sucos e outras bebidas – em geral eles manterão seu almoço aquecido por até 6 horas, ou gelado por até 24 horas. Outras opções práticas são recipientes de plástico reciclado com tampa hermética e frascos com tampa de rosca ou flip-top (sempre meticulosamente limpos), além de papel-alumínio e filme de PVC. Transporte molhos à parte, em um compartimento separado da marmita ou num frasquinho de vidro.

Muitos escritórios possuem uma copa, em geral com micro-ondas ou cooktop, de modo que utilizar um recipiente resistente ao calor, que possa ser levado a esses equipamentos, dispensa o uso de prato e gera menos louça para lavar. Exceto se a marmita for de material isolante, mantenha-a sempre em local fresco, ou seja, garanta um cantinho na geladeira ou no armário da copa para guardar sua comida e seus temperos.

BÁSICO VEGANO – A DESPENSA

Se você garantir o básico em sua despensa, só precisará comprar alguns alimentos frescos a cada semana, de modo que preparar a marmita vai ser tarefa fácil. As receitas que preparamos para este livro são gostosas mas simples, e levam ingredientes fáceis de obter, a maioria deles encontrada em bons supermercados ou em lojas de produtos naturais, orgânicos ou veganos, ou até mesmo na internet.

NO CONGELADOR

Legumes frescos limpos, branqueados (se preciso) e armazenados em porções duram vários meses.

Legumes congelados em geral contêm mais vitaminas que os legumes frescos, por terem sido congelados logo após a colheita. Fique atento à data de validade indicada na embalagem.

Suco de limão e **molhos** em pequenas porções são práticos para temperar salada, fazer outros molhos ou dar sabor; guarde por algumas semanas.

Massa folhada, podre, de pizza ou filo (caseira ou comprada pronta) dura alguns meses se conservada no congelador.

(continua na página 10)

NA GELADEIRA

Ervas frescas duram até 1 semana na geladeira, embaladas em papel-toalha úmido.

Margarina vegana deve ser mantida na geladeira e dura no mínimo 3 semanas.

Leites vegetais como os de soja, arroz, aveia, amêndoa, nozes ou leites e bebidas multigrãos. Para pratos condimentados, use os sem açúcar; para assados, utilize leite de soja, que encorpa quando combinado a vinagre e harmoniza com outros ingredientes. Fechado, pode ser armazenado em ambiente fresco por vários meses; após aberto, guarde na geladeira e consuma em até 3-4 dias.

Creme de soja, aveia ou arroz fechado se conserva em temperatura ambiente por ao menos 6 meses; após aberto, guarde na geladeira e use em 2-3 dias.

Iogurte de soja sem açúcar dura até 2 semanas na geladeira.

Tempeh fechado pode ser mantido sem refrigeração por vários meses; após aberto, guarde-o na geladeira por até 8 semanas, mas use-o sem falta antes de vencer esse prazo.

Tofu natural (sem adição de aromatizantes) e/ou defumado (já temperado) dura até 2 semanas na geladeira, desde que a embalagem ainda esteja fechada. Tofu natural conservado na salmoura deve ser mantido em recipiente tampado, sempre coberto pelo líquido.

Purê de tomate dura vários meses se mantido fechado e ao abrigo da luz. Após aberto, guarde na geladeira e use em até 1-2 semanas.

NO ARMÁRIO

Latas de legumes, leguminosas e frutas.

Conservas em frascos, como pepino, azeitona, tomate e pimentão.

Frutas e legumes desidratados, como cogumelos, tomate e pimenta.

Ervas e temperos (secos): os mais úteis são pimenta em pó, curry em pó, garam masala, páprica defumada, gengibre, cominho, ervas da Provença, cúrcuma, manjerona, noz-moscada, orégano, páprica doce, pimenta-do-reino, pimenta-da-jamaica, sal e canela.

Flocos de levedura nutricional para temperar e criar um saborzinho de queijo (pp. 94 e 158).

Azeite de oliva bom, orgânico, prensado a frio.

Farinhas para pães e bolos, para dar liga e engrossar, como as de trigo ou grão-de-bico.

Castanhas e sementes, como chia, castanha-de-caju, avelãs, gergelim e nozes.

Massas são essenciais como base de vários pratos.

Quinoa, arroz comum ou selvagem também servem de base para saladas, acompanhamentos e recheios.

Soja texturizada ou PVT (proteína vegetal texturizada), triturada fina ou grosseiramente, fatiada ou como bife.

Temperos e adoçantes como xarope de agave, maple syrup, molho barbecue, vinagre, caldo de legumes ou bouillon, ketchup, molho de soja, missô e tahine.

RECEITAS PARA MARMITAS RÁPIDAS

Às vezes tudo o que você precisa de manhã é arranjar muito rapidamente algo para levar de almoço ou lanche. O ideal é ter sobras do dia anterior, que podem ser acondicionadas na marmita em um instante, então planeje cozinhar uma quantidade maior do que o necessário no próximo jantar. Porém, se não tiver sobras à disposição, existem várias outras opções.

Sanduíches ou torradas com coberturas têm preparo particularmente rápido – apenas inclua alguns palitos de legumes neles. Se você sente fome entre as refeições, as castanhas são perfeitas. O melhor é fazer o próprio mix e incrementá-lo com gotas de chocolate ou o que preferir. Uma salada de frutas frescas também é fácil de montar, mas adicione um pouco de suco de limão para que as frutas não escureçam. E talvez você possa ser indulgente consigo mesmo e preparar algo para petiscar, como nachos veganos (tortilhas de milho crocantes), salgadinhos e pretzels, que não se restringem ao sofá na frente da TV! Experimente também algum molho delicioso para acompanhá-los (pp. 30, 56-7, 90-4 e 106).

CEREAIS MATINAIS

Com frequência falta tempo de manhã para o café da manhã, e nessas ocasiões o cereal é a opção perfeita para embalar e comer no caminho. É fácil fazer müsli vegano usando iogurte de soja ou outro iogurte de base vegetal. Você também pode comprar misturas prontas de müsli ou preparar o seu, dependendo dos grãos, castanhas, frutas e sementes que deseje incluir. Com a adição de um pouco de chia, rica em proteínas, terá uma refeição nutritiva.

Müsli com chia e frutas

Descasque **1 tangerina** e separe os gomos, fatie **1 banana pequena** e pique **½ maçã**. Misture as frutas com **150 g de iogurte de soja**, **1 colher (sopa) de flocos de aveia** e **1 colher (chá) de chia**. Adoce com **2 colheres (sopa) de xarope de agave**.

Mingau de véspera

Na noite anterior, coloque **50 g de flocos finos de aveia** em um frasco com tampa de rosca. Adicione **240 ml de água quente** e **20 g de framboesa congelada** e deixe de molho durante a noite. Na manhã seguinte, incorpore **2 colheres (sopa) de xarope de agave** e **1 colher (sopa) de castanha-de-caju picada** (ou outra oleaginosa).

PASTAS PARA O PÃO: O BÁSICO

O pão é o grande herói do almoço rápido! Hoje em dia as lojas vendem muitas pastas veganas, mas as caseiras têm a vantagem de respeitar o seu gosto. Prepare pastas de leguminosas, castanhas, sementes, legumes, frutas, arroz ou biscoitos de arroz e tofu macio ou defumado. Adicione ervas frescas ou secas e temperos para dar mais sabor. Libere a criatividade e faça um estoque de ingredientes deliciosos com os quais vai economizar tempo toda manhã. Você também encontra outras receitas de pastas neste livro (pp. 90-4).

Pasta de semente de girassol

Toste **100 g de semente de girassol** em uma frigideira sem óleo. Triture em um processador de alimentos, adicionando gradualmente **6-8 colheres (sopa) de óleo de girassol**. Se desejar, acrescente um pouco de água ou suco de limão. Tempere com **ervas secas**, **sal**, **pimenta-do-reino** e **páprica defumada**, ou simplesmente passe no pão com um pouco de geleia. A versão salgada também funciona muito bem como dip.

SOPAS RÁPIDAS

A sopa é uma refeição reconfortante e bem-vinda, sobretudo no inverno. Se tiver um micro-ondas ou cooktop no trabalho, você pode levar os ingredientes – como uma lata de purê de tomate e/ou caldo de legumes instantâneo, macarrão para sopa e alguns croûtons – e prepará-la. Dá para fazer um caldo básico com croûtons até em uma chaleira. Veja outras receitas deliciosas de sopa nas pp. 44-53.

Sopa de letrinhas

Aqueça **1 colher (sopa) de óleo** em uma panela, fatie finamente um **pedaço pequeno de alho-poró** em anéis e refogue de leve. Adicione **300 ml de água** e **½ cubo de caldo de legumes** e deixe ferver. Assim que a água ferver, junte **80 g de macarrão de letrinhas** e cozinhe de acordo com as instruções da embalagem (cerca de 6-7 minutos). Despeje em uma tigela e polvilhe com **1 colher (chá) de salsa picada**, se desejar.

Sopa de tomate

Pique finamente **70 g de legumes variados** (cenoura, aipo, alho-poró). Em uma panela, aqueça **1 colher (sopa) de óleo** e refogue de leve os legumes. Adicione **300 ml de purê de tomate** e um pouco de caldo de legumes ou água e mantenha em fogo baixo por alguns minutos, até os legumes cozinharem. Tempere com sal e pimenta-do-reino e, se desejar, junte **1 colher (sopa) de ervas frescas ou congeladas** e **1 colher (sopa) de creme de soja, de arroz ou de aveia**.

SALADAS – RÁPIDAS E SAUDÁVEIS

Saladas são ideais para a marmita vegana. Feitas com ingredientes básicos que em geral são mesmo veganos, elas representam uma ótima maneira de aproveitar sobras de frutas e legumes e quase sempre têm preparo bastante rápido. Aqui há algumas sugestões, mas sinta-se à vontade para criar as próprias receitas, ou veja outras nas pp. 60-83.

Tabule turbinado

Leve à fervura **3 colheres (sopa) de cuscuz marroquino** e o dobro da quantidade de **água com sal**. Desligue o fogo, tampe e deixe descansar por 10 minutos. Enquanto isso, lave e pique **4 tomates-cereja**, **½ abobrinha**, **6 folhas de hortelã** e **6 ramos de salsa**. Incorpore à base de cítricos um molho de salada feito com **1 limão**, **3 colheres (sopa) de azeite**, **sal** e bastante **pimenta-do-reino**. Misture bem todos os ingredientes.

Salada rápida de brotos

Misture **dois punhados** de seus **brotos** preferidos (cultivados em casa ou comprados) com **um punhado de folhas de alface** e **1 laranja** dividida em gomos (reserve o suco que escorrer). Misture **2 colheres (sopa) de azeite** e **2 colheres (sopa) de vinagre** com o suco reservado da **laranja** e adicione à **salada**. Mexa bem e tempere a gosto com **sal** e **pimentas em grãos variadas, moídas**.

Salada de tofu defumado

Lave, seque e rasgue grosseiramente **dois ou três punhados de folhas de alface**. Pique finamente sobras de legumes (**pimentão**, **pepino**, **azeitonas**) e junte à alface. Incorpore um molho feito com **1 colher (sopa) de vinagre de maçã**, **3 colheres (sopa) de azeite**, **sal**, **pimenta-do-reino** e **um pouco de suco de limão**. Corte em cubos **100 g de tofu defumado**, refogue em **1 colher (sopa) de azeite** em fogo alto e adicione um fio de **molho de soja**. Misture à salada com **1 colher (sopa) de gergelim**.

Salada de linguiça vegana

Fatie **150 g de linguiça vegana**, **4 pepininhos em conserva** e **3 rabanetes**. Descasque, corte ao meio e fatie finamente **1 cebola roxa pequena**. Corte ao meio **1 pimentão pequeno**, retire as sementes e pique finamente. Misture **2 colheres (sopa) de azeite** com **1 colher (sopa) de vinagre** e **1 colher (chá) de mostarda**, despeje sobre os outros ingredientes, incorpore tudo e tempere a gosto com **sal** e **pimenta-do-reino**. Se desejar, decore com **2 colheres (sopa) de agrião**.

COMIDA VEGANA EM RESTAURANTES

Mesmo que você esteja firme na sua intenção, nem sempre é possível levar marmita para o trabalho. Além disso, por razões sociais, vez ou outra você vai acabar tendo que comer em um restaurante. Veja aqui um resumo de suas possíveis opções em diferentes tipos de estabelecimento.

Italiano

Restaurantes italianos em geral são bastante flexíveis e ótimos para um vegano comer. A massa de pizza costuma ser vegana, mas confirme. Peça uma pizza coberta (generosamente) com apenas molho de tomate e legumes, depois finalize do modo que achar melhor, com azeite aromatizado com alho ou azeite apimentado. Vários restaurantes italianos também oferecem massas sem ovos. As melhores opções de molhos são de tomate ou simplesmente alho e óleo. Evite o nhoque, que muitas vezes é pré-pronto e leva ovos, leite em pó ou outros laticínios.

Indiano

É sempre importante perguntar sobre a ghee (manteiga clarificada), adicionada a vários pratos. Dhals em geral são veganos, contanto que não levem ghee. Aloo gobi (batata e couve-flor em molho condimentado) é uma receita básica dos indianos e quase sempre vegana. Muitas receitas de pakora (petisco frito de massa de grão-de-bico) também podem ser feitas sem produtos animais. Os papadums (folhas finas de massa), pedidos como acompanhamento, são sempre veganos, assim como o roti, um tipo de pão. A ghee com frequência é usada no preparo do pão naan.

Mexicano

Você pode pedir tacos recheados com legumes em qualquer restaurante mexicano. Quanto ao molho, atenha-se ao vermelho picante, basicamente de tomates. As enchiladas (panquecas de milho) com frequência também são veganas e constituem um bom lanche para a hora do almoço.

Chinês

Há um refogado vegetariano de tofu no cardápio de qualquer restaurante chinês – e ele é sempre vegano. Legumes com arroz frito também estão disponíveis com frequência, mas solicite que não coloquem ovo. O tradicional missô é vegano. Quando se trata de comida asiática, é importante mencionar que você não deseja que o prato leve molho de peixe. Quanto à sobremesa, as frutas assadas em geral são veganas – contanto que as peça sem mel, claro.

Fast-food

Faláfel não tem erro. Esses bolinhos feitos com grão-de-bico são sempre veganos e, como recheio de pão pita e combinados a todo tipo de vegetal, proporcionam uma refeição substanciosa. A coisa fica mais complicada quando se trata do molho, já que ele em geral leva iogurte ou laticínios. A melhor opção é pedir um molho simples de tahine, sem iogurte.

Comida britânica moderna

O maior desafio em geral está nos restaurantes britânicos tradicionais. Quase sempre há pratos de legumes à disposição, mas certifique-se de que eles não sejam refogados na manteiga. Você também pode pedir saladas com vinagrete feito de azeite e vinagre. Caso contrário, o melhor a fazer é ligar antes para o restaurante e solicitar especificamente comida vegana – a demanda influencia a oferta, e quanto mais receberem pedidos de pratos veganos, mais cedo os restaurantes vão se ajustar à procura.

LANCHES E PETISCOS

snacks entre as refeições — smoothies, finger food etc.

Rende 12 unidades
Preparo: 15 minutos
+ 15 minutos de cozimento

BARRINHA DE CEREAIS

Frutas secas e oleaginosas fornecem bastante combustível para o dia; já o amaranto provê cálcio, magnésio, ferro e zinco. As barrinhas de cereais são perfeitas para o lanche da manhã – uma fonte de energia em sua marmita. Elas têm preparo rápido e, graças à aveia, são substanciosas e oferecem tudo o que você precisa para ganhar forças. Para não cansar da receita, varie as frutas secas, cuidando de usar sempre as mesmas quantidades.

50 g de macadâmia
50 g de avelã
50 g de castanha-de-caju
250 g de frutas secas (uva-passa, tâmara, goji berry, damasco)
5 colheres (sopa) de margarina vegana
5 colheres (sopa) de açúcar demerara
150 ml de xarope de agave
2 colheres (sopa) de suco de limão-siciliano
30 g de amaranto em flocos
200 g de aveia
uma pitada de canela em pó

1 Preaqueça o forno a 180°C. Pique grosseiramente as oleaginosas com uma faca ou no processador de alimentos. Dependendo da variedade, deixe as frutas secas inteiras ou pique-as em pedaços pequenos.

2 Coloque a margarina, o açúcar e o xarope de agave em uma panela e leve à fervura em fogo alto. Adicione as oleaginosas, as frutas secas, o suco de limão-siciliano, o amaranto, a aveia e a canela.

3 Forre uma assadeira com papel-manteiga. Use uma espátula molhada para espalhar a mistura na assadeira em uma camada de 2 cm de espessura. Asse no centro do forno por cerca de 15 minutos, até firmar. Corte em doze barrinhas enquanto ainda estiver quente, depois deixe esfriar e armazene em um recipiente hermético.

Rende 2-3 copos
Preparo: 10 minutos + 1-2 horas de refrigeração

DICA

Um copo grande desse smoothie verde lhe fornece vitaminas e energia para o dia todo.

SMOOTHIE DE ESPINAFRE E BANANA

Descasque e pique grosseiramente a banana e a laranja. Descasque a maçã, corte em quartos, remova as sementes e pique grosseiramente. Coloque as frutas picadas e o espinafre no processador de alimentos. Descasque e rale finamente o gengibre e adicione ao processador com o suco de limão, o baobá e a moringa em pó (se for usar) e o óleo de linhaça. Bata os ingredientes até homogeneizarem; despeje 500 ml de água e misture de novo, rapidamente. Transfira para garrafas pequenas e leve à geladeira por 1-2 horas. Se preferir, refrigere em um único frasco hermético e sirva a porção toda de uma só vez.

1 banana bem madura
1 laranja pequena
1 maçã pequena
75 g de espinafre baby
1,5 cm de gengibre fresco
suco de 1 limão-siciliano pequeno
1 colher (sopa) de baobá em pó (opcional; planta medicinal encontrada em lojas de produtos naturais ou on-line)
1 colher (chá) de moringa em pó (opcional; planta medicinal encontrada em lojas de produtos naturais ou on-line)
½ colher (chá) de óleo de linhaça

BEBIDA DE AMÊNDOA E CANELA

Rende 2 copos
Preparo: 5 minutos + 1-2 horas de refrigeração

Bata todos os ingredientes vigorosamente em uma tigela, usando um batedor de arame (ou bata rapidamente no processador de alimentos). Transfira a bebida para pequenas garrafas e leve à geladeira por 1-2 horas. Se preferir, refrigere em um único frasco hermético e sirva a porção toda de uma só vez.

500 ml de leite de amêndoa ou outro leite vegetal
1 colher (sopa) de xarope de maçã
uma pitada de anis-estrelado em pó
uma pitada de sal
uma pitada de cardamomo em pó
1 colher (chá) de canela em pó

Rende 10 unidades
Preparo: 25 minutos
+ 3-4 dias de infusão

BOLINHA DE PESTO E "RICOTA"

Tão simples, tão deliciosas: essas bolinhas têm uma pungência refrescante que valoriza qualquer marmita. Também são ótimas para servir em uma festa, e você pode armazená-las em um frasco bonito para presentear os anfitriões.

1 litro de leite de soja
5 colheres (sopa) de vinagre de maçã
1 maço de manjericão
5 colheres (chá) de pesto vegano*
½ colher (chá) de pimenta em pó
sal marinho
pimenta-do-reino moída na hora
azeite, para marinar

* Pique finamente 1 xícara de folhas de manjericão lavadas e misture com ½ xícara de azeite de oliva, até obter uma pasta homogênea. Misture com 2 colheres (sopa) de castanha-de-caju triturada, 2 dentes de alho bem amassados, sal e pimenta-do-reino.

1 Leve o leite de soja à fervura em uma panela em fogo alto. Assim que começar a ferver, adicione o vinagre. Retire do fogo e deixe esfriar – nesse intervalo, os componentes sólidos vão decantar. Descarte o líquido com cuidado. Transfira os ingredientes sólidos remanescentes para uma peneira forrada com um pano de prato limpo. Junte as pontas do pano e torça, espremendo o máximo de líquido possível.

2 Arranque as folhas do maço de manjericão e corte-as grosseiramente. Em uma tigela, misture a ricota de soja com o pesto e a pimenta em pó e tempere a gosto com sal e pimenta-do-reino. Modele dez bolinhas com a mistura e coloque-as em um frasco hermético com as folhas de manjericão. Cubra completamente com azeite, tampe e deixe em infusão por 3-4 dias.

DICA

Se puder, conserve o frasco na geladeira de seu escritório e sirva-se quando desejar. Essas bolinhas ficam ótimas com salada, pão ou, ainda, entremeadas com fatias de tomate na marmita.

Rende 8 unidades
Preparo: 25 minutos

BOLINHO DE BATATA
COM MOLHO DE IOGURTE

Esse petisco delicioso pode ser frito ou assado sem uma gota de óleo – para dar aquela animada no dia sem pesar na consciência. Sirva com o refrescante molho de iogurte aromatizado com cebolinha-francesa.

1 Descasque as batatas, corte-as em pedaços grandes e ferva em água com uma pitada de sal por cerca de 15 minutos, até amaciar. Escorra e transfira para uma tigela. Enquanto ainda estiverem mornas, amasse com um garfo até homogeneizar. Adicione a farinha, 1 colher (chá) de sal e as ervas da Provença e misture tudo até obter uma consistência macia.

2 Em uma superfície bastante enfarinhada e usando um rolo de macarrão também enfarinhado, abra a massa até que fique com 5 mm de espessura. Polvilhe com farinha um cortador redondo ou um copo de 6 cm de diâmetro e use-o para cortar discos de massa. Aqueça o óleo em uma frigideira e frite os bolinhos de batata dos dois lados, até dourarem. Retire, escorra em papel-toalha e deixe esfriar.

3 Para o molho, misture o iogurte e a cebolinha-francesa e tempere a gosto com sal e pimenta-do-reino. Acondicione os bolinhos e o molho em recipientes separados para levar de marmita.

Para os bolinhos
200 g de batata cerosa
sal marinho
120 g de farinha de espelta branca, mais um pouco para polvilhar
2 colheres (chá) de ervas da Provença*
1-2 colheres (sopa) de óleo

Para o molho
3-4 colheres (sopa) de iogurte de soja ou outro de base vegetal
1 colher (sopa) de cebolinha-francesa picada
sal marinho
pimenta-do-reino moída na hora

* Você pode preparar em casa com ervas secas em pó, na proporção de 1 grama de cada erva: manjericão, louro, manjerona, alecrim, segurelha e tomilho. Às vezes são adicionadas raspas de casca de laranja seca, assim como lavanda.

DICA

Os bolinhos de batata também podem ser assados. Preaqueça o forno a 180°C, coloque-os em uma assadeira forrada com papel-manteiga e fure cada um deles várias vezes com um garfo. Asse no centro do forno por 10 minutos, vire-os e deixe por mais 10 minutos, ou até dourarem de leve.

Rende 2 porções
Preparo: 10 minutos
+ 25 minutos de cozimento

200 g de grão-de-bico cozido e escorrido
2 colheres (sopa) de azeite
2 colheres (chá) de garam masala
1 colher (chá) de sal marinho
1 colher (chá) de cebola em pó

GRÃO-DE-BICO ASSADO

1 Preaqueça o forno a 200°C. Seque o grão-de-bico escorrido em papel-toalha e transfira para uma tigela. Adicione o azeite, o garam masala, o sal e a cebola em pó e misture delicadamente com os dedos até distribuir bem o azeite e as especiarias.

2 Forre uma assadeira com papel-manteiga e espalhe o grão-de-bico em apenas uma camada. Asse no centro do forno por 10 minutos, depois vire os grãos. Aumente a temperatura do forno para 220°C e asse por mais 10-13 minutos. Deixe que esfriem completamente para ficarem crocantes.

Rende 2 porções
Preparo: 10 minutos
+ 30 minutos de cozimento

½ couve-flor, cerca de 500 g
1 colher (sopa) de óleo de gergelim apimentado (la-yu)
2 colheres (sopa) de azeite
uma pitada de pimenta em pó
2 colheres (sopa) de curry em pó suave
uma pitada de pimenta-da-jamaica
½ colher (chá) de cominho em pó
uma pitada de cúrcuma em pó
3 colheres (chá) generosas de pasta de pimenta tailandesa

COUVE-FLOR PICANTE AO FORNO

1 Preaqueça o forno a 190°C. Divida a couve-flor em floretes e coloque em uma tigela. Forre uma assadeira com papel-manteiga. Despeje o óleo de gergelim apimentado e o azeite em um frasco com tampa de rosca e adicione todas as especiarias e a pasta de pimenta. Feche o frasco e agite-o vigorosamente até homogeneizar os ingredientes e obter uma pasta uniforme.

2 Use as mãos ou um pincel de confeitaria para besuntar os floretes de couve-flor com a pasta apimentada. Distribua a couve-flor na assadeira e asse no centro do forno por 25-30 minutos. Use um palito para verificar se está cozida; ele deve atravessar os floretes sem resistência. Sirva quente ou frio.

Rende 1-2 porções
Preparo: 10 minutos
+ 15 minutos de cozimento

CROCANTE DE COUVE PICANTE

175 g de couve
1 colher (sopa) de óleo de gergelim
½ colher (chá) de molho de soja
uma pitada de pimenta em pó
uma pitada de levedura nutricional

1 Preaqueça o forno a 170°C. Forre uma assadeira com papel-manteiga. Lave e seque a couve; remova e descarte talos mais duros. Pique as folhas em pedaços grandes. Misture o óleo de gergelim e o molho de soja em uma tigela pequena. Pincele ambos os lados das folhas de couve com a mistura e disponha-as na assadeira, sem sobrepô-las – se necessário, asse em lotes.

2 Misture a pimenta em pó e a levedura nutricional em outra tigela pequena e distribua a mistura sobre a couve. Asse no centro do forno por cerca de 15 minutos, dependendo da espessura da verdura, até ficar crocante. Retire do forno e deixe esfriar completamente.

LASCA DE COCO DEFUMADO

Rende 2 porções
Preparo: 10 minutos
+ 20 minutos de cozimento

125 g de coco em lascas
1 colher (sopa) de maple syrup
1 colher (sopa) de molho de soja
1 colher (chá) de fumaça líquida (opcional; encontrada em lojas especializadas ou on-line)
½ colher (chá) de páprica defumada

1 Preaqueça o forno a 140°C. Coloque as lascas de coco em uma tigela. Em outra, misture o maple syrup, o molho de soja, a fumaça líquida e 1 colher (chá) de água. Despeje sobre o coco e misture tudo com os dedos até o líquido estar bem distribuído. Polvilhe com a páprica e mexa.

2 Forre uma assadeira com papel-manteiga e espalhe as lascas de coco sem sobrepô-las. Asse no centro do forno por 15-20 minutos, virando-as 2-3 vezes durante esse tempo. Retire do forno e deixe esfriar completamente.

DICA

O crocante de couve serve como petisco, mas também é um ótimo complemento no recheio de sanduíches ou hambúrgueres.

Rende 2-3 porções
Preparo: 10 minutos

2 avocados maduros (de preferência da variedade Hass) [ou 1 abacate médio maduro]
½ pimenta dedo-de-moça
1 pimenta verde pequena
1 dente de alho (opcional)
suco e raspas de ½ limão
½ colher (chá) de sal marinho
uma pitada de pimenta-do-reino branca moída na hora

Para servir
palitos de legumes (como pimentão, cenoura e aipo)
nachos ou torradas veganas

GUACAMOLE

1 Corte os avocados ao meio e retire o caroço. Raspe a polpa da casca com uma colher, coloque em uma tigela pequena e amasse com um garfo. Retire as sementes da pimenta dedo-de-moça e pique finamente. Fatie a pimenta verde em pequenos anéis. Descasque o alho (se for usar) e pique bem finamente ou triture no pilão.

2 Adicione a pimenta dedo-de-moça, o alho e o suco e as raspas de limão ao avocado. Misture bem e tempere a gosto com o sal e a pimenta-do-reino branca. Decore com os anéis de pimenta verde e sirva com o que preferir: palitos de legumes, nachos ou torradas.

Rende 2 porções
Preparo: 10 minutos
+ 24 horas de demolha
+ 1 hora de cozimento

125 g de grão-de-bico cru
sal marinho
1 dente de alho
1 colher (sopa) de suco de limão-siciliano
1 colher (sopa) de tahine
uma pitada de páprica, mais um pouco para servir
pimenta-do-reino moída na hora
4 colheres (sopa) de azeite, mais um pouco para servir

HOMUS

1 Deixe o grão-de-bico de molho por 24 horas. Escorra, coloque em uma panela, cubra com água com uma pitada de sal, tampe e leve ao fogo baixo por cerca de 1 hora, até amaciar. Escorra em uma peneira.

2 Descasque e amasse o alho. Coloque no liquidificador o grão-de-bico, o alho, o suco de limão, o tahine, ½ colher (chá) a mais de sal, a páprica e um pouco de pimenta-do-reino e bata até uniformizar. Gradualmente, despeje azeite suficiente para obter uma consistência macia e aveludada. Armazene o homus em uma marmita. Use uma colher para desenhar uma espiral na superfície, regue com um pouco mais de azeite e decore com páprica. Fica bom com pão chato.

DICA

O grão-de-bico demolhado e recém-cozido tem sabor melhor e consistência mais firme que o enlatado. Mas, se estiver com pressa, sinta-se à vontade para usar o pronto — apenas dobre a quantidade.

Rende 2-3 porções
Preparo: 15 minutos + 30 minutos de cozimento

SUSHI-CORAÇÃO DE CENOURA

1 Lave o arroz em uma peneira sob água corrente até que a água corra limpa. Deixe secar por completo. Transfira para uma panela e cubra com água fria. Leve à fervura, tampe e cozinhe em fogo baixo por cerca de 15 minutos. Apague o fogo e deixe o arroz inchar por mais 15 minutos.

2 Enquanto isso, descasque as cenouras. Corte-as em ambos os lados ao longo do comprimento visando um ponto central, de modo que cada cenoura adquira o formato de uma gota. Então, ao longo das amplas bordas curvas, corte um nicho central por todo o comprimento de cada cenoura. Por fim, em cada lado, modele uma curva. O objetivo é esculpir as cenouras de modo que cada uma de suas fatias tenha o formato de um coração. Cozinhe as cenouras em uma panela com água com sal por 5-10 minutos, até ficarem *al dente*.

3 Misture o vinagre com o xarope ou o açúcar e ¾ de colher (chá) de sal. Incorpore esse vinagre adocicado ao arroz ainda morno e deixe esfriar. Escorra e seque as cenouras.

4 Disponha uma folha de nori na esteira de bambu. Com os dedos úmidos, espalhe metade do arroz, deixando 2 cm livres ao longo da borda superior. Coloque 1 cenoura na borda inferior e enrole a esteira com cuidado. Pincele a borda livre de nori com água e pressione para selar o rolinho. Faça o mesmo com a segunda folha de nori e o arroz e a cenoura restantes. Fatie os rolinhos com uma faca bem afiada úmida e polvilhe com gergelim (se for usar). Embale o sushi, o molho de soja, o wasabi e o gengibre separadamente.

Para o sushi
125 g de arroz para sushi
2 cenouras
sal marinho
1½ colher (sopa) de vinagre de arroz
1½ colher (chá) de xarope de arroz, ou açúcar
2 folhas de alga nori (ver dica abaixo)
gergelim tostado, para polvilhar (opcional)

Para servir
molho de soja
wasabi
gengibre em conserva

Equipamento especial
esteira de bambu, para enrolar (em lojas de produtos asiáticos)

DICA É possível comprar folhas de nori de diversos tamanhos. O comprimento das cenouras deve corresponder ao tamanho da alga. Se desejar um sabor um pouco mais umami, cozinhe as cenouras no dia anterior e deixe-as de véspera em uma marinada com molho de soja. Seque-as antes de usar.

3-4 porções
Preparo: 35 minutos
+ 30 minutos de cozimento

SUSHI DE TOFU E LEGUMES CROCANTES

Os pratos asiáticos são particularmente apropriados para a marmita. Esse sushi leva pepino, pastinaca, tofu defumado e avocado, mais wasabi para dar um toque adstringente. É prático para transportar, comer, mergulhar no molho de soja – e, a maior vantagem, faz bem para a saúde!

Para o sushi
125 g de arroz para sushi
¼ de pepino
1 pastinaca [ou mandioquinha] pequena
50 g de tofu defumado
¼ de avocado [ou 2 colheres (sopa) de abacate]
2½ colheres (chá) de vinagre de arroz
½ colher (sopa) de açúcar demerara
¼ de colher (chá) de sal marinho
½ colher (sopa) de óleo de canola
½ colher (sopa) de molho de soja
3 folhas de alga nori
wasabi

Para servir
molho de soja
molho de pimenta agridoce

Equipamento especial
esteira de bambu, para enrolar (em lojas de produtos asiáticos)

1 Lave o arroz em uma peneira sob água corrente até que a água corra limpa. Deixe secar por completo. Transfira para uma panela e cubra com água fria. Leve à fervura, tampe e cozinhe em fogo baixo por cerca de 15 minutos. Apague o fogo e deixe o arroz inchar por mais 15 minutos.

2 Enquanto isso, descasque o pepino e a pastinaca e corte-os em fatias finas e uniformes. Pique o tofu em tiras finas. Com cuidado e usando uma colher, retire em uma única peça toda a polpa do avocado e corte-a em tiras.

3 Misture o vinagre, o açúcar e o sal em uma tigela. Incorpore esse vinagre adocicado ao arroz ainda morno e deixe esfriar. Aqueça o óleo de canola em uma panela e refogue de leve o tofu e a pastinaca em fogo médio. Adicione o molho de soja.

4 Disponha uma folha de nori na esteira de bambu. Espalhe metade do arroz, formando uma camada de cerca de 5 mm, e, com o dedão, faça uma cavidade no centro. Coloque um pouco de wasabi na parte de baixo da cavidade e depois preencha-a toda e uniformemente com metade do pepino, da pastinaca, do tofu e do avocado. Enrole com cuidado, pressione delicadamente para selar e pincele com um pouco de água. Faça o mesmo com a segunda folha de nori e os ingredientes restantes. Fatie os rolinhos com uma faca bem afiada úmida. Embale os sushis e os molhos separadamente.

2-3 porções
(5 rolinhos)
Preparo: 30 minutos
+ 12 horas de marinada

ROLINHO DE SOBÁ
COM TOFU E COENTRO

1 Escorra o tofu e seque-o com papel-toalha. Corte em palitos e disponha em uma travessa. Em uma tigela pequena, misture a pasta de curry e o suco de laranja. Despeje uniformemente sobre os palitos de tofu, cubra e deixe marinar na geladeira por 12 horas. Escorra bem o tofu. Aqueça o azeite em uma frigideira e doure todos os lados dos palitos em fogo alto. Escorra em papel-toalha e tempere bem com sal e pimenta-do-reino. Deixe esfriar.

2 Enquanto isso, ferva o sobá por 6 minutos em água com uma pitada de sal ou de acordo com as instruções da embalagem. Escorra em uma peneira e mergulhe em água fria para interromper o cozimento. Escorra novamente. Descasque o pepino e a cenoura e corte em palitos finos. Separe as folhas de coentro.

3 Em uma travessa, coloque uma folha de rolinho primavera de molho por 1-2 minutos em água bem morna. Disponha-a com cuidado em uma superfície de trabalho limpa. Espalhe um quinto dos legumes no centro da massa, na horizontal, acrescente um quinto do sobá e, enfim, um quinto dos palitos de tofu, mais algumas folhas de coentro. Dobre as bordas esquerda e direita da massa sobre o recheio. Puxe a borda inferior para cima e enrole a partir da base. Faça exatamente o mesmo com as quatro outras massas e os ingredientes restantes do recheio.

4 Para o molho, misture o creme de amendoim, o molho de soja, o óleo de gergelim e o xarope de agave. Toste o gergelim a seco em uma frigideira, triture-o de leve em um pilão e acrescente-o quase todo ao molho. Decore com o gergelim reservado e as folhas de coentro. Embale os rolinhos e o molho separadamente.

Para o rolinho
150 g de tofu
1 colher (sopa) generosa de pasta de curry vermelho tailandesa
1 colher (sopa) de suco de laranja
2 colheres (sopa) de azeite
sal marinho
pimenta-do-reino moída na hora
50 g de macarrão sobá com chá-verde (ou sobá comum)
¼ de pepino
1 cenoura
1 maço pequeno de coentro
5 massas para rolinho primavera, cada uma com 22 cm de diâmetro

Para o molho
2 colheres (sopa) rasas de creme de amendoim crocante
1 colher (sopa) de molho de soja
1½ colher (sopa) de óleo de gergelim
1 colher (chá) de xarope de agave
1 colher (chá) de gergelim
1 colher (chá) de folhas de coentro

DICA Você pode variar os vegetais como preferir. Em vez de coentro, experimente o frescor da hortelã, principalmente no verão.

Rende 2-3 porções
(8-10 rollmops)
Preparo: 30 minutos
+ 2-3 dias de marinada

ROLLMOP DE BERINJELA

Com certeza você não vai ver esses exóticos rolinhos de berinjela na marmita de ninguém. Eles são a prova definitiva de que petiscos de vegetais são extremamente versáteis e deliciosos. A marinada picante confere à berinjela um sabor maravilhoso. Você pode degustar os rollmops com pão, sozinhos ou como um incremento para a salada ou outro prato – mantenha sempre um frasco deles no escritório para qualquer eventualidade.

Para a marinada
175 ml de vinagre de vinho branco
3 colheres (sopa) de açúcar demerara
25 g de sal marinho
6-8 bagas de zimbro
pimenta-do-reino em grãos (opcional)
3-4 folhas de louro

Para o rollmops
2 berinjelas
sal marinho
1 cebola
3 pepininhos em conserva
1 colher (sopa) de mostarda semiforte, como de Dijon
1 colher (chá) de sal marinho
1 colher (chá) de pimenta-do-reino moída na hora

1 Para a marinada, ferva em uma panela 500 ml de água, o vinagre, o açúcar, o sal, as bagas de zimbro, grãos de pimenta-do-reino a gosto (se for usar) e as folhas de louro. Tire do fogo e reserve.

2 Para os rollmops, corte e descarte os talos das berinjelas. Corte-as em fatias longitudinais de 5 mm-1 cm de espessura. Salgue ambos os lados das fatias, coloque-as sobre uma camada grossa de papel-toalha e deixe por 10 minutos; disponha uma tábua de madeira por cima para fazer peso e eliminar o líquido das berinjelas.

3 Em uma panela grande, ferva água com bastante sal e cozinhe as fatias de berinjela por 5 minutos em fogo médio. Retire as fatias da água com uma escumadeira e escorra. Descasque a cebola e fatie-a em tiras finas. Corte os pepininhos também em tiras.

4 Pincele as fatias de berinjela com mostarda, tempere com mais 1 colher (chá) de sal marinho e a pimenta-do-reino e coloque tiras de pepininho e cebola em cima de cada fatia. Enrole e prenda com um palito de dente. Coloque os rollmops em um frasco grande com tampa de rosca. Cubra com a marinada quente e deixe em infusão por 2-3 dias.

Rende 2 porções (8 unidades)
Preparo: 30 minutos + 12 horas de infusão

BOLINHO DE BRÓCOLIS
COM MOLHO DE MANGA E AVOCADO

1 Para o molho, corte os tomates ao meio, descarte os talos e as sementes e pique finamente. Descasque a manga e o avocado e pique a polpa finamente. Corte a pimenta dedo-de-moça longitudinalmente ao meio, retire as sementes e pique em tiras finas e curtas. Descasque a cebola e pique finamente. Misture os ingredientes preparados em uma tigela com o coentro. Adicione o suco de limão, o xarope de agave e sal a gosto. Deixe o molho em infusão na geladeira por 12 horas.

2 Para os bolinhos, lave e corte os floretes de brócolis, descasque e pique a cebola. Coloque-os no processador de alimentos com as folhas de coentro e bata até ficar uniforme; transfira para uma tigela.

3 Use um batedor para misturar a farinha de grão-de-bico com as especiarias, o sal, a pimenta-do-reino e a farinha de linhaça em uma tigela. Adicione essa mistura seca ao creme de brócolis e combine tudo com as mãos até obter uma consistência firme. Divida a massa em oito porções e modele cada uma delas em um bolinho pequeno e achatado.

4 Aqueça o azeite em uma frigideira e frite os bolinhos em fogo médio, em ambos os lados, até dourarem. Embale-os separadamente do molho. Podem ser consumidos quentes ou frios.

Para o molho
2 tomates
½ manga pequena
½ avocado pequeno [ou ¼ de abacate]
1 pimenta dedo-de-moça pequena
1 cebola roxa pequena
1 colher (sopa) de folhas de coentro picadas finamente
1 colher (sopa) de suco de limão
1 colher (chá) de xarope de agave
½ colher (chá) de sal marinho

Para o bolinho
100 g de brócolis em floretes
1 cebola roxa pequena
1 colher (sopa) de folhas de coentro picadas finamente
3 colheres (sopa) de farinha de grão-de-bico
uma pitada de curry em pó
uma pitada de cominho em pó
uma pitada de gengibre em pó
uma pitada de pimenta em pó
½ colher (chá) de sal marinho
uma pitada de pimenta-do-reino moída na hora
1 colher (sopa) de farinha de linhaça
5 colheres (sopa) de azeite

DICA

Quem não gosta de avocado pode fazer o molho só com manga: é só dobrar a quantidade da fruta.

Rende 10 unidades
Preparo: 10 minutos

DICA O torrone logo amolece em temperatura ambiente ou ao contato com as mãos, por isso modele a mistura usando colheres de chá e apenas arredonde com as mãos.

TRUFA DE AMÊNDOA SUPERCROCANTE

85 g de amêndoa em lascas
150 g de torrone vegano firme
30 g de pasta crocante de avelã
80 g de chocolate amargo vegano
½ colher (sopa) de óleo de coco

1 Em uma frigideira, toste a seco a amêndoa até dourar. Ao mesmo tempo, aqueça o torrone em banho-maria. Triture finamente a amêndoa tostada em uma tigela pequena e misture com a pasta de avelã. Incorpore ao torrone até uniformizar e leve à geladeira por 20 minutos.

2 Assim que a mistura de torrone estiver firme, mas ainda maleável, modele-a em dez bolinhas e leve-as à geladeira novamente por 20 minutos, para endurecerem. Derreta o chocolate com o óleo de coco em banho-maria. Use um garfo para mergulhar cada bolinha no chocolate e transfira para uma grade. Coloque na geladeira imediatamente e mantenha-as lá até a hora de consumir ou embalar.

BOMBOM ENERGÉTICO COM CEREAL DE CHOCOLATE

Rende 10 unidades
Preparo: 15 minutos + 1-2 horas de refrigeração

20 g de óleo de coco
15 g de chocolate vegano com cereais, à base de milho, arroz ou multicereais
100 g de pasta de tâmara*
50 g de avelã moída
50 g de amêndoa moída
30 g de coco desidratado

1 Aqueça o óleo em uma panela pequena em fogo baixo. Triture grosseiramente o cereal de chocolate e misture com o óleo, a pasta de tâmara, a avelã e a amêndoa para criar uma massa uniforme que possa ser modelada com facilidade.

2 Espalhe o coco desidratado em um prato. Modele dez bolinhas com a massa de tâmara e oleaginosas e enrole-as no coco, pressionando de leve para cobri-las por inteiro. Leve à geladeira por 1-2 horas.

* Cubra 100 g de tâmaras com água morna e deixe de molho por cerca de 1 hora. Bata as tâmaras no liquidificador e, aos poucos, vá juntando a água do molho, até formar uma pasta.

SOPAS E SALADAS

sopas cremosas, cozidos e saladas do mundo todo

Rende 1 porção grande ou 2 pequenas
Preparo: 30 minutos
+ 2 horas de refrigeração

GAZPACHO

A sopa típica do sul da Espanha e de Portugal. Bastante nutritiva e servida gelada, é preparada com vegetais crus e pão branco. Tomate, cebola, páprica e pepino criam um conjunto harmonioso e ganham um toque não convencional de gengibre nessa versão. O gazpacho é perfeito para dias quentes – transporte-o em um recipiente térmico para uma refeição refrescante e substanciosa.

- 3 fatias grossas de pão branco
- 7 tomates maduros, cerca de 500 g no total
- 1 cebola pequena
- 1 dente de alho (opcional)
- 1,5 cm de gengibre fresco
- 1 pimentão vermelho
- ½ pepino
- 250 ml de suco de tomate
- 1 colher (sopa) de suco de limão
- 2½ colheres (sopa) de azeite, mais um pouco, se necessário
- 1 colher (sopa) de vinagre de vinho tinto
- 1 colher (chá) de páprica defumada
- ½ colher (chá) de sal marinho
- pimenta-do-reino moída na hora
- uma pitada de açúcar
- 1 colher (sopa) de folhas de manjericão finamente picadas

1 Remova a casca do pão, corte-o em cubos e deixe de molho em água morna. Faça dois cortes cruzados na base de cada tomate, coloque-os em uma tigela e despeje por cima água fervente; em seguida, dê um choque térmico com água gelada para esfriarem. Assim, a casca sairá com facilidade. Descasque-os, corte em quartos e retire o núcleo e as sementes. Descasque e pique finamente a cebola, o alho (se for usar) e o gengibre.

2 Corte o pimentão ao meio no sentido do comprimento e retire o núcleo e as sementes. Descasque o pepino, corte-o ao meio longitudinalmente e remova o núcleo. Pique cerca de um quarto do pimentão e do pepino em cubinhos e reserve. Corte o restante grosseiramente.

3 Esprema toda a água dos cubos de pão. Coloque-os no processador de alimentos com os tomates, a cebola, o alho, o gengibre, os legumes picados grosseiramente, o suco de tomate, o suco de limão, o azeite e o vinagre; bata bem. Tempere com a páprica, o sal, pimenta-do-reino a gosto e o açúcar. Adicione azeite ou água suficiente para atingir a consistência desejada. Leve à geladeira por cerca de 2 horas (ou de véspera). Embale os cubinhos de legumes e o manjericão em recipientes separados e acrescente-os à sopa ao servir ou simplesmente misture tudo antes de montar a marmita.

Rende 2 porções grandes ou 4 pequenas
Preparo: 30 minutos
+ 20 minutos de cozimento

SOPA DE ABÓBORA
COM GENGIBRE CARAMELIZADO

1 Na véspera, prepare o sour cream vegano. Descasque as batatas, a cebola, o alho e cerca de um terço do gengibre e pique-os grosseiramente em cubos. Corte a abóbora ao meio e remova a parte central macia e as sementes. Pique grosseiramente, com a casca. Aqueça o óleo em uma panela e refogue todos os ingredientes picados em fogo médio. Despeje o caldo de legumes e cozinhe por cerca de 10 minutos, até amaciar.

2 Bata os cubos de legumes na sopa usando um mixer. Misture o leite de coco, o sal, a pimenta-do-reino, a noz-moscada e a canela e cozinhe em fogo baixo por mais 5-10 minutos.

3 Enquanto isso, derreta com cuidado o açúcar em uma panela de fundo grosso em fogo médio, sem mexer. Descasque o gengibre restante, fatie à juliana (em tirinhas finas) e caramelize ligeiramente no açúcar. Retire da panela e deixe esfriar.

4 Após esfriar, leve à geladeira. Embale a sopa, as tiras de gengibre, o sour cream e a salsa separadamente. Para servir, aqueça de leve a sopa, misture uma colherada de sour cream e salpique com a salsa e as tiras de gengibre.

2 batatas
1 cebola
1 dente de alho
3 cm de gengibre fresco
1 abóbora-hokkaido pequena, cerca de 500 g no total
óleo, para fritar
600 ml de caldo quente de legumes
100 ml de leite de coco
½ colher (chá) de sal marinho
uma pitada de pimenta-do-reino moída na hora
uma pitada de noz-moscada moída na hora
uma pitada de canela em pó
40 g de açúcar demerara
2 colheres (chá) de sour cream vegano*
3 colheres (sopa) de folhas de salsa picadas grosseiramente

* Deixe de molho por 12 horas ½ xícara de castanhas-de-caju com ¼ de xícara de água. No dia seguinte, bata no liquidificador com ½ limão médio e sal a gosto.

DICA

Se você não tem como esquentar a sopa no trabalho, faça-o em casa e transporte-a em um frasco hermético para mantê-la aquecida.

Rende 2 porções grandes ou 4 pequenas
Preparo: 20 minutos
+ 10 minutos de cozimento

500 g de brócolis
1 cebola pequena
1 colher (sopa) de óleo de canola
½ colher (sopa) de margarina vegana
1 colher (sopa) de farinha de trigo
1½ colher (sopa) de vinho branco
500 ml de caldo de legumes
100 g de creme de aveia, ou outro de base vegetal
½ colher (chá) de sal marinho
uma pitada de pimenta-do-reino branca moída na hora
uma pitada de noz-moscada moída na hora
2 colheres (chá) de amêndoa em lascas

SOPA DE BRÓCOLIS CREMOSA

1 Remova o talo dos brócolis, divida-os em floretes e corte-os em pedaços de mesmo tamanho. Descasque e pique finamente a cebola. Aqueça o óleo em uma panela grande e alta e refogue a cebola em fogo médio. Adicione a margarina e os brócolis, polvilhe com a farinha e refogue por 2 minutos, até homogeneizar (a farinha não deve escurecer). Despeje o vinho branco e, gradualmente, o caldo de legumes, mexendo sem parar. Adicione o creme de aveia e cozinhe por 5-10 minutos, até os brócolis amaciarem. Bata com o mixer e tempere com sal, pimenta-do-reino branca e noz-moscada.

2 Toste a seco a amêndoa em lascas em uma frigideira. Para servir, aqueça de leve a sopa e espalhe por cima as lascas de amêndoa, ou simplesmente misture-as à sopa antes de montar a marmita.

Rende 2 porções grandes ou 4 pequenas
Preparo: 10 minutos
+ 20 minutos de cozimento

6 cenouras, cerca de 500 g no total
½ pastinaca [ou ½ mandioquinha], cerca de 100 g
½ batata-doce, cerca de 250 g
1,5 cm de gengibre fresco
500 ml de caldo de legumes
½ colher (chá) de sal marinho
uma pitada de pimenta-do-reino branca moída na hora
uma pitada de coentro em pó
uma pitada de noz-moscada moída na hora
2 colheres (chá) de gergelim
50 g de sour cream vegano (p. 49)

SOPA DE CENOURA CREMOSA

1 Descasque as cenouras e fatie-as finamente, depois descasque a pastinaca e a batata-doce e corte-as grosseiramente em cubos de cerca de 1 cm. Descasque o gengibre e pique finamente. Ferva o caldo de legumes em uma panela e adicione as cenouras, a pastinaca, a batata-doce e o gengibre; tampe e cozinhe em fogo baixo por cerca de 20 minutos, até amaciar.

2 Se desejar, retire algumas fatias de cenoura da panela e reserve. Use um mixer para bater os vegetais restantes no caldo e então recoloque as fatias de cenoura. Tempere a sopa com o sal, a pimenta-do-reino, o coentro e a noz-moscada; espere esfriar e leve à geladeira.

3 Toste a seco o gergelim em uma frigideira. Se desejar, incorpore-o à sopa antes de montar a marmita. Embale o sour cream separadamente. Para servir, aqueça de leve a sopa, polvilhe com o gergelim (exceto se já o tiver adicionado) e finalize com uma colherada de sour cream.

Rende 2 porções grandes
Preparo: 10 minutos
+ 40 minutos de cozimento

COZIDO DE CEVADINHA DA VOVÓ

Todo mundo sabe que as avós fazem os melhores cozidos. Mas, se no passado elas utilizavam bacon, aqui temos uma versão com vegetais que leva delicados cubos de tofu. Esse é um prato substancioso e reconfortante, com grãos de cevadinha e legumes nutritivos. Perfeito para um dia frio.

2 cenouras
1 pedaço pequeno de aipo
300 g de batata cerosa
1 alho-poró
2 colheres (sopa) de óleo
100 g de cevadinha
1 litro de caldo de legumes
2-3 ramos salsa, ou folhas de aipo
200 g de tofu defumado
sal marinho
pimenta-do-reino moída na hora

1 Descasque as cenouras, corte-as ao meio no sentido do comprimento e fatie. Descasque o aipo e as batatas e pique-os em cubos médios. Lave bem o alho-poró e remova a raiz e as folhas externas; fatie em anéis.

2 Aqueça 1 colher (sopa) do óleo em uma panela e refogue as cenouras, o aipo, as batatas e o alho-poró. Adicione a cevadinha e refogue mais um pouco. Despeje o caldo de legumes e junte a salsa. Cozinhe em fogo médio por 40 minutos. Mexa de vez em quando e certifique-se de que haja líquido o suficiente, acrescentando água, se necessário.

3 Enquanto isso, pique grosseiramente o tofu em cubos. Aqueça a colher (sopa) restante de óleo em uma frigideira e refogue o tofu em fogo médio até dourar por completo.

4 Remova a salsa do cozido e acrescente o tofu. Tempere a gosto. Deixe esfriar e, então, leve à geladeira. Reaqueça brevemente antes de consumir.

Rende 2 porções grandes ou 4 pequenas
Preparo: 25 minutos

CHILI DE QUINOA APIMENTADO

Rica em proteínas, a quinoa é de fato um ingrediente versátil. Ela desempenha o papel principal nessa receita picante, com coadjuvantes como pimentão, tomate, milho-verde, feijão e especiarias. O chili é uma opção excelente para marmita, pois, ao ser preparado de véspera, garante o tempo necessário para os sabores apurarem, ficando ainda mais gostoso.

100 g de quinoa
250 ml de caldo de legumes
½ pimentão verde
1 pimenta dedo-de-moça
1 cebola pequena
1 dente de alho
1½ colher (sopa) de azeite
2½ colheres (sopa) de purê de tomate
400 g tomate pelado picado
140 g de milho-verde em lata
200 g de feijão-roxinho cozido
1 colher (sopa) de suco de limão
uma pitada de sal marinho
uma pitada de pimenta-do-reino branca moída na hora
1 colher (chá) de pimenta em pó, ou a gosto
uma pitada de orégano seco
uma pitada de cominho em pó
1 colher (chá) de maple syrup

1 Lave a quinoa em uma peneira sobre água corrente até que esta corra limpa e cozinhe no caldo de legumes em fogo baixo por cerca de 15 minutos ou de acordo com as instruções da embalagem. Escorra em uma peneira, enxágue em água fria e reserve. Corte o pimentão e a pimenta dedo-de-moça ao meio no sentido do comprimento e remova as sementes. Pique o pimentão em cubos médios e a pimenta finamente. Descasque a cebola e o alho e pique finamente.

2 Aqueça o azeite em uma panela grande e refogue o pimentão, a pimenta, a cebola e o alho em fogo médio. Adicione o purê de tomate e refogue brevemente com os outros ingredientes. Junte o tomate pelado e cozinhe por 5 minutos.

3 Escorra o milho-verde e o feijão em uma peneira, enxágue com água gelada e acrescente ao molho, junto com a quinoa. Cozinhe por mais 5 minutos. Acerte o tempero acrescentando o suco de limão, o sal, a pimenta-do-reino, a pimenta em pó, o orégano, o cominho e o maple syrup. Espere esfriar e leve à geladeira. Aqueça de leve antes de consumir.

DICA

Esse prato fica muito bom com baguete ou, se preferir, com uma batata assada. Para fazê-la, preaqueça o forno a 180°C, escove e seque uma batata-doce, coloque-a em uma assadeira e tempere com 1 colher (sopa) de sal marinho. Asse no centro do forno por 40-45 minutos. Para servir, corte-a longitudinalmente, mas sem separar as metades, e recheie-a com o chili de quinoa.

Cada um cobre 1 porção de salada
Preparo (por molho): 10 minutos
+ tempo de infusão

MOLHOS

Eles multiplicam suas opções de marmita. Com um pouco de criatividade, você combina cada um dos molhos a seguir com uma enorme variedade de saladas. Molhos cremosos como a Maionese vegana e o Molho tártaro (à direita) são o toque final perfeito para batatas, legumes assados, hambúrgueres, wraps ou faláfel.

VINAGRETE

- 1 echalota (ou ½ cebola roxa)
- 3 colheres (sopa) de vinagre (de vinho branco, tinto ou de ervas)
- ½ colher (chá) de sal marinho
- uma pitada de pimenta-do-reino branca moída na hora
- uma pitada de açúcar
- um toque de mostarda de Dijon
- 9 colheres (sopa) de azeite extravirgem (de girassol ou oliva)

Descasque e pique finamente a echalota. Misture em uma tigela com o vinagre, o sal, a pimenta-do-reino, o açúcar e a mostarda. Adicione o azeite aos poucos, mexendo sempre até emulsificar.

DICA No vinagrete, a proporção de vinagre para azeite deve ser de 1:3 para que não fique muito ácido.

MOLHO DE SOUR CREAM E SALSA

- 150 g de sour cream vegano (p. 49)
- 1 colher (sopa) de mostarda de Dijon
- ½ maço de salsa
- 1 colher (chá) de óleo de linhaça
- 1 colher (sopa) de azeite
- uma pitada de sal marinho
- uma pitada de pimenta-do-reino moída na hora
- 1 colher (chá) de xarope de agave, ou a gosto

Misture o sour cream com a mostarda em uma tigela. Apanhe as folhas do maço de salsa, pique-as finamente e incorpore-as ao creme. Despeje aos poucos o óleo de linhaça e o azeite. Tempere com o sal, a pimenta-do-reino e o xarope de agave.

MOLHO RÁPIDO DE IOGURTE E NOZES

- ½ maço de cebolinha-francesa
- 250 g de iogurte de soja, ou outro de base vegetal
- suco de ½ limão-siciliano
- 1 colher (sopa) de óleo de nozes (ou azeite de oliva)
- sal marinho
- pimenta-do-reino moída na hora
- uma pitada de açúcar, ou a gosto

Pique a cebolinha-francesa finamente. Com um batedor, misture o iogurte de soja, o suco de limão e o óleo de nozes até homogeneizar, então junte a cebolinha. Tempere a gosto com sal, pimenta-do-reino e açúcar.

MAIONESE VEGANA

- 250 ml de leite de soja, ou outro de base vegetal
- 200 ml de azeite extravirgem
- 2 colheres (sopa) de vinagre de vinho branco
- 1 colher (chá) de sal marinho
- 1 colher (sopa) de mostarda semiforte
- 100 g de batata farinhenta, cozida e amassada
- uma pitada de pimenta-do-reino branca moída na hora
- uma pitada de açúcar
- uma pitada de curry em pó (opcional)
- 1 colher (chá) de suco de limão-siciliano (opcional)

Bata no processador de alimentos o leite de soja com 100 ml do azeite até homogeneizar. Adicione o vinagre, o sal e a mostarda e bata novamente. Despeje lentamente o azeite restante, sem parar de bater. Então, junte a batata e bata até obter um creme. Tempere com a pimenta-do-reino, o açúcar, o curry e o suco de limão (se for usar). Guarde na geladeira até o momento de consumo.

DICA A maionese dura 7-10 dias na geladeira. Fica uma delícia com Bolinho de batata (p. 25) ou Crocante de couve picante (p. 29) e é o complemento perfeito para sanduíches e hambúrgueres (pp. 94-102).

MOLHO TÁRTARO

- 1 × receita de Maionese vegana (acima)
- 2 colheres (sopa) de relish de pepino
- 1 colher (chá) de alcaparra escorrida e picada finamente
- uma pitada de cerefólio seco [ou salsa seca]
- uma pitada de estragão seco
- ½ maço de cebolinha-francesa
- sal marinho
- pimenta-do-reino moída na hora

Em uma tigela, misture bem a maionese, o relish de pepino, a alcaparra, o cerefólio e o estragão. Pique finamente a cebolinha-francesa e incorpore ao molho tártaro. Tempere a gosto e leve à geladeira.

DICA O molho tártaro pode ser incrementado com cebola picadinha. É um ótimo acompanhamento para Couve-flor picante ao forno (p. 26), wraps (pp. 108-13) ou Bolinha de quinoa (p. 132).

MOLHO MIL ILHAS

- ¼ de pimentão verde
- ¼ de pimenta dedo-de-moça
- 1 pepino
- ½ maço de salsa
- 100 g de Maionese vegana (acima)
- 150 g de iogurte de base vegetal
- 3 colheres (sopa) de ketchup
- 2 colheres (sopa) de creme de aveia, ou outro de base vegetal
- 4 gotas de molho de pimenta-malagueta, ou a gosto
- 2 colheres (chá) de suco de limão, ou a gosto
- ½ colher (chá) de sal marinho
- ½ colher (chá) de pimenta-do-reino branca moída na hora

Retire as sementes e pique bem finamente o pimentão e a pimenta dedo-de-moça. Pique finamente o pepino. Apanhe as folhas do maço de salsa e pique-as finamente. Em uma tigela, misture a maionese, o iogurte, o ketchup e o creme de aveia. Adicione o molho de pimenta-malagueta, o suco de limão, o sal e pimenta-do-reino a gosto. Incorpore o pimentão, a pimenta dedo-de-moça e a salsa à maionese. Deixe o molho em infusão por 30 minutos e então acerte o tempero, se necessário. Mantenha na geladeira até o momento de consumo.

MAIONESE VEGANA
MOLHO DE
SOUR CREAM
E SALSA
MOLHO
MIL ILHAS

MOLHO TÁRTARO
VINAGRETE
MOLHO RÁPIDO DE IOGURTE E NOZES

Rende 1 porção grande ou 2 pequenas
Preparo: 20 minutos
+ 12 horas de marinada

SALADA GREGA RÚSTICA

1 Para o "feta", descasque a cebola e o alho (se for usar) e pique-os finamente. Misture em uma tigela com o suco de limão, o azeite, o vinagre, o sal, as pimentas em grãos moídas, as ervas da Provença e a pimenta em pó para fazer uma marinada. Corte o tofu em cubos de 1 cm e coloque em um saco plástico para alimentos com a marinada; retire todo o ar, feche e leve à geladeira por 12 horas.

2 Para a salada, descasque o pepino, corte ao meio, remova as sementes e pique em pedaços médios. Faça o mesmo com o tomate, retirando a parte central. Descasque a cebola, corte ao meio e fatie ou pique finamente. Corte os pimentões ao meio, remova as sementes e pique em tiras curtas. Pique grosseiramente as folhas de orégano. Coloque todos os ingredientes preparados em uma tigela com as azeitonas.

3 Junte o suco de limão, o xarope de agave, o azeite, o vinagre, o sal e a pimenta-do-reino para criar um vinagrete e use-o para temperar a salada. Espalhe os cubos de "feta" por cima. Essa salada fica uma delícia acompanhada de pão chato fresco, de preferência aquecido.

DICA Você pode usar a marinada do "feta" novamente, apenas adicione mais ervas e temperos para reforçar os sabores antes de preparar outro lote de tofu.

Para o "feta"
1 cebola roxa pequena
1 dente de alho (opcional)
um pouco de suco de limão-siciliano
100 ml de azeite extravirgem
1 colher (sopa) de vinagre com ervas
1 colher (chá) de sal marinho
1 colher (chá) de pimentas em grãos variadas, moídas
1 colher (sopa) de ervas da Provença (p. 25)
uma pitada de pimenta em pó
250 g de tofu defumado

Para a salada
½ pepino
200 g de tomate italiano
1 cebola roxa
2 pimentões amarelos pequenos
2 colheres (sopa) de folhas de orégano
50 g de azeitona preta sem caroço
1 colher (chá) de suco de limão-siciliano
½ colher (chá) de xarope de agave
1 colher (chá) de azeite extravirgem
1 colher (chá) de vinagre de vinho branco
½ colher (chá) de sal marinho
uma pitada de pimenta-do-reino moída na hora

Rende 1 porção grande ou 2 pequenas
Preparo: 20 minutos

PANZANELLA – SALADA ITALIANA COM PÃO

Um pedacinho da Itália em seu prato. Essa tradicional salada é bastante substanciosa graças aos pedaços de pão, que são regados com azeite de boa qualidade antes de irem ao forno. O pepino e o tomate-cereja trazem um frescor delicioso. Uma refeição simples e saborosa – a única coisa que vai faltar em sua marmita é a paisagem!

- 5 fatias de baguete, cerca de 150 g no total
- 8 colheres (sopa) de azeite extravirgem
- ½ pepino pequeno, cerca de 100 g
- 5 tomates-cereja, cerca de 150 g no total
- 2 cebolinhas
- 3-4 ramos de manjericão
- 2 colheres (sopa) de vinagre balsâmico
- um pouco de suco de limão-siciliano
- sal marinho
- pimenta-do-reino moída na hora

1 Preaqueça o forno na temperatura máxima. Corte a baguete em cubos médios e coloque-os em uma tigela. Adicione 4 colheres (sopa) de azeite e misture bem com os dedos.

2 Forre uma assadeira com papel-manteiga e espalhe os cubos de pão. Asse no centro do forno por cerca de 10 minutos, até ficar crocante (atenção para não queimar). Retire do forno e deixe esfriar.

3 Enquanto isso, pique o pepino em cubos médios. Corte os tomates ao meio. Apare o talo da cebolinha e pique-a. Apanhe e rasgue as folhas de manjericão. Misture o pepino, o tomate, a cebolinha, o manjericão e os cubos de pão.

4 Misture o azeite restante com o vinagre, o suco de limão, sal e pimenta-do-reino para fazer o molho. Carregue-o em um recipiente separado da salada e, de preferência, incorpore-o 20 minutos antes de comer, para que o pão possa absorvê-lo.

Rende 1 porção grande ou 2 pequenas
Preparo: 25 minutos

SALADA ANDALUZA DE ASPARGO

Duas variedades de aspargo marcam presença nessa inusitada combinação de laranjas adstringentes, tâmaras doces e azeitonas de um amargor delicado. Trata-se de uma salada refrescante, de sabor frutado e pungente, que compõe uma marmita de paladar interessante e belo visual.

100 g de seitan (carne de glúten)
250 g de aspargo branco
250 g de aspargo verde
5 tâmaras sem caroço
2 laranjas pequenas
2 colheres (sopa) de azeite extravirgem
50 g de azeitona preta sem caroço
1 colher (sopa) de vinagre balsâmico
1 colher (sopa) de molho de soja
½ colher (chá) de páprica picante
1 colher (chá) de páprica defumada
½ colher (chá) de sal marinho
uma pitada de pimenta-do-reino moída na hora
uma pitada de pimenta-da-jamaica em pó
1 colher (sopa) de suco de limão

1 Pique o seitan em pedaços de 1 cm. Remova os talos mais duros dos aspargos. Descasque o terço mais baixo da haste de cada aspargo verde. Corte todos os aspargos em fatias diagonais de 4 cm, mas reserve as pontas macias.

2 Pique finamente as tâmaras. Rale a casca das laranjas ou use um descascador de legumes para fazer tiras finas. Corte as duas laranjas ao meio e esprema o suco em uma tigela.

3 Aqueça o azeite em uma panela e refogue rapidamente os pedaços de seitan e de aspargo (mas não as pontas macias) em fogo médio. Junte as azeitonas e as raspas de laranja. Adicione o vinagre, o molho de soja e o suco de laranja. Misture os dois tipos de páprica, o sal, a pimenta-do-reino, a pimenta-da-jamaica e o suco de limão. Cozinhe em fogo baixo por 5 minutos. Por fim, incorpore as pontas de aspargo e as tâmaras e cozinhe brevemente. A salada pode ser servida quente ou fria.

Rende 1 porção grande ou 2 pequenas
Preparo: 20 minutos

SALADA DE ESPAGUETE DE ABOBRINHA
COM PESTO DE ALHO

Macarrão feito com vegetais é uma ótima maneira de degustar uma massa sem glúten. Essa salada é servida com pesto de alho caseiro e dispensa cozimento, o que faz dela um prato simples e superprático, principalmente quando você está sem tempo.

Para a salada
400 g de abobrinha
200 g de tomate-cereja

Para o pesto
50 g de pinhole
60 g de alho-selvagem [ou comum]
5 colheres (sopa) de azeite extravirgem
2 colheres (chá) de levedura nutricional
½ colher (chá) de suco de limão-siciliano
1 colher (chá) de sal marinho
uma pitada de pimenta-do-reino
uma pitada de açúcar

1 Para a salada, corte as abobrinhas em fios longos com um fatiador em espiral. Se preferir, use um descascador de legumes para fazer fatias finas e corte-as em tiras longas com uma faca. Coloque o espaguete de abobrinha em uma tigela. Corte os tomates ao meio e adicione à tigela.

2 Faça o pesto. Em uma panela, toste o pinhole a seco apenas até começar a exalar seu aroma. Adicione o alho bem picadinho, o azeite, a levedura, o suco de limão, o sal, a pimenta-do-reino e o açúcar. Bata os ingredientes com um mixer até obter a consistência que preferir.

3 Misture o pesto e o espaguete de abobrinha antes de embalar ou guarde-os em recipientes separados na marmita. Sirva frio.

Rende 1 porção grande ou 2 pequenas
Preparo: 20 minutos

SALADA DE FUSILLI, ERVA-DOCE E BANANA
COM MOLHO DE IOGURTE E LARANJA

Diga adeus às refeições sem graça! Nessa deliciosa salada de erva-doce e banana, sabores extravagantes se reúnem para compor uma verdadeira experiência sensorial. A peculiar erva-doce realmente se destaca, enquanto a banana, a maçã, o macarrão e um molho ligeiramente adocicado provam ser os parceiros perfeitos.

1 Para a salada, cozinhe o fusilli de acordo com as instruções da embalagem (em geral, por 8-10 minutos) em água com um pouco de sal. Enquanto isso, remova o núcleo duro da erva-doce, corte e descarte os talos e rale finamente o bulbo. Descasque e fatie a banana. Descasque a maçã, remova a parte central e rale finamente. Escorra o fusilli em uma peneira e mergulhe em água gelada para interromper o cozimento. Incorpore a erva-doce, a banana e a maçã.

2 Para o molho, misture em uma tigela o iogurte, o suco de laranja, o azeite, o vinagre, o curry em pó, o sal e a pimenta-do-reino. Em uma frigideira, toste o pinhole a seco até dourar e deixe esfriar. Apanhe as folhas dos ramos de salsa e pique-as finamente. Incorpore o molho, o pinhole e a salsa ao macarrão. Adicione suco de limão a gosto e um pouco mais de sal e pimenta-do-reino, se desejar.

Para a salada
100 g de fusilli
sal marinho
1 bulbo de erva-doce
1 banana grande
½ maçã

Para o molho
200 g de iogurte de soja, ou outro de base vegetal
6 colheres (sopa) de suco de laranja
2 colheres (sopa) de azeite extravirgem
3 colheres (sopa) de vinagre de laranja, de vinho branco ou de ervas
1 colher (sopa) de curry em pó suave
1½ colher (chá) de sal marinho
½ colher (chá) de pimenta-do-reino moída na hora
50 g de pinhole
1 maço pequeno de salsa
um pouco de suco de limão-siciliano

Rende 1 porção
Preparo: 25 minutos

SALADA DE COUVE, QUINOA E MILHO

A couve, como todo membro da família das brássicas, é rica em vitamina C. Aqui ela aparece em uma combinação fantástica com quinoa, milho e amêndoa. Uma salada nutritiva e incomparável.

50 g de quinoa
100 ml de caldo de legumes
200 g de couve
1 cebola
4 colheres (sopa) de azeite extravirgem
1-2 cebolinhas, apenas a parte verde
20 g de amêndoa branqueada
2 colheres (chá) de gergelim
100 g de milho em lata
3 colheres (sopa) de suco de limão-siciliano
1 colher (chá) de vinagre de ervas ou de vinho branco
3 colheres (sopa) de óleo de gergelim
1 colher (sopa) de xarope de agave
sal marinho
pimenta-do-reino moída na hora

1 Lave a quinoa em uma peneira até que a água corra limpa e cozinhe em fogo baixo no caldo de legumes de acordo com as instruções da embalagem (em geral, por 15 minutos). Enquanto isso, remova os talos duros da couve e rasgue grosseiramente as folhas. Descasque e pique finamente a cebola.

2 Em uma panela, aqueça 1 colher (sopa) do azeite em fogo alto e refogue a cebola por 1 minuto. Adicione a couve e refogue por mais 5 minutos. Descarte qualquer líquido e deixe esfriar na panela.

3 Escorra a quinoa cozida em uma peneira, enxágue com água fria e deixe escorrer novamente. Fatie as cebolinhas em anéis. Pique grosseiramente a amêndoa. Em uma frigideira, toste o gergelim a seco até dourar. Escorra o milho em uma peneira. Para fazer o molho, misture o suco de limão, o vinagre, o óleo de gergelim, as 3 colheres (sopa) restantes de azeite e o xarope de agave; tempere a gosto com sal e pimenta-do-reino.

4 Em uma tigela, incorpore a quinoa, as cebolinhas, a amêndoa, o gergelim e o milho à mistura de couve e cebola. Junte o molho e acerte o tempero novamente.

Rende 2 porções grandes
Preparo: 30 minutos

MACARRÃO COM "QUEIJO"

Por que não usar essa clássica comfort food como inspiração para uma salada fria? Ela não leva nenhum tipo de queijo – a castanha-de-caju e a mostarda dão conta de criar uma versão vegana que fica a maior delícia.

Para o macarrão
250 g de macarrão tubular
sal marinho
4 tomates-cereja
½ maço de cebolinha
50 g de ervilha congelada
50 g de milho congelado ou em lata

Para o molho
1 batata-doce pequena, cerca de 100 g
1 cenoura pequena
1 cebola pequena
375 ml de caldo de legumes
1 dente de alho pequeno (opcional)
30 g de castanha-de-caju
½ colher (chá) de mostarda de Dijon
½ colher (chá) de sal marinho
um pouco de suco de limão-siciliano
uma pitada de pimenta-do-reino moída na hora
½ colher (chá) de páprica defumada
1½ colher (sopa) de margarina vegana

1 Cozinhe o macarrão em água com sal conforme as instruções da embalagem, até ficar *al dente*. Escorra em uma peneira, enxágue em água corrente gelada e deixe escorrer novamente. Reserve.

2 Para fazer o molho, descasque a batata-doce e a cenoura e pique-as em cubos de 2 cm. Descasque a cebola e corte-a em quartos. Cozinhe a batata-doce, a cenoura e a cebola no caldo de legumes fervente até amaciarem (cerca de 10 minutos). Escorra e reserve aproximadamente 250 ml do caldo. Descasque o alho (se for usar) e bata no processador de alimentos com a batata-doce, a cenoura, a cebola, o caldo de legumes reservado, a castanha-de-caju, a mostarda, o sal, o suco de limão, a pimenta-do-reino, a páprica e a margarina, até homogeneizar.

3 Corte os tomates ao meio. Apare as cebolinhas e pique-as finamente. Escorra ou descongele a ervilha e o milho e seque-os em papel-toalha. Misture o macarrão, o molho, os tomates, as cebolinhas, a ervilha e o milho.

DICA

Esse molho também vai muito bem com pratos grelhados, ou use como dip.

Rende 2 porções grandes
Preparo: 30 minutos

SALADA ASIÁTICA

Já pensou em fazer uma viagem ao outro lado do mundo em pleno horário de almoço? Essa salada com macarrão indonésio, pak choi e brotos de feijão vai levar você diretamente para a Ásia! Uma alternativa refrescante, saudável e totalmente vegana para sua marmita.

Para a salada

250 g de macarrão indonésio mie [ou bifum] (em lojas de produtos asiáticos)
sal marinho
100 g de pak choi [ou acelga comum]
½ pimentão vermelho
½ cebola
75 g de broto de feijão
1 colher (sopa) de óleo de canola
1 colher (sopa) de gergelim
2 ramos de coentro

Para o molho

1 colher (sopa) de creme de amendoim
½ colher (sopa) de vinagre de arroz
½ colher (chá) de suco de limão
1 colher (chá) de xarope de agave
uma pitada de coentro em pó
½ colher (chá) de sal marinho
uma pitada de pimenta-do-reino branca moída na hora

1 Para a salada, cozinhe o macarrão em água com pouco sal de acordo com as instruções da embalagem. Escorra em uma peneira, enxágue em água corrente gelada, deixe escorrer novamente e reserve em uma tigela grande. Corte a pak choi ao meio e fatie em tiras finas. Retire as sementes do pimentão e corte-o em tiras. Descasque a cebola e fatie finamente. Coloque os brotos de feijão em uma peneira, passe sob água fria e deixe escorrer.

2 Aqueça o óleo em um wok e refogue a pak choi, o pimentão e a cebola em fogo médio. Adicione os brotos de feijão e refogue só mais um pouco – os vegetais devem permanecer crocantes. Adicione-os ao macarrão na tigela. Em uma frigideira, toste a seco o gergelim até dourar. Apanhe as folhas de coentro dos ramos e pique-as finamente. Junte o gergelim e o coentro aos ingredientes da salada.

3 Para fazer o molho, misture em uma tigela pequena o creme de amendoim, o vinagre, o suco de limão e o xarope de agave até homogeneizar. Adicione o coentro em pó e tempere com sal e pimenta-do-reino a gosto. Embale a salada e o molho separadamente na marmita. Ao servir, despeje o molho na salada e combine todos os ingredientes delicadamente.

Rende 2 porções
Preparo: 20 minutos

SALADA MEXICANA DE PIMENTÃO

Para a salada
3 pimentões, de preferência 1 vermelho, 1 amarelo e 1 verde
300 g de tomate italiano
1 cebola
½ maço de cebolinha-francesa
140 g de milho em lata
125 g de feijão-roxinho cozido

Para o molho
raspas finas e suco de ½ limão
1 colher (sopa) de vinagre de vinho branco
2 colheres (sopa) de azeite extravirgem
½ colher (chá) de sal marinho
uma pitada de pimenta-do-reino moída na hora
uma pitada de pimenta em pó
uma pitada de açúcar

1 Para a salada, corte os pimentões em quartos, retire as sementes e pique em pedaços médios. Corte os tomates em quartos, remova a parte central e as sementes e pique em cubinhos. Descasque e pique finamente a cebola. Pique bem a cebolinha-francesa. Escorra o milho e os feijões em uma peneira, enxágue e deixe escorrer novamente. Misture delicadamente todos os ingredientes em uma tigela.

2 Para o molho, misture com um batedor todos os ingredientes em uma tigela pequena. Incorpore-o com cuidado à salada.

DICA Nachos e guacamole são acompanhamentos ideais para essa salada (p. 30).

Rende 1 porção
Preparo: 15 minutos
+ 12 horas de infusão

SALADA TOSCANA DE FEIJÃO

240 g de feijão-jalo ou feijão-branco cozido
1 echalota (ou ½ cebola roxa)
60 g de tomate seco em óleo
1½ colher (sopa) de purê de tomate
3 colheres (sopa) de salsa picada
1 colher (sopa) de hortelã picada
½ colher (sopa) de alcaparra escorrida
½ colher (chá) de sal marinho
uma pitada de pimenta-do-reino branca moída na hora
uma pitada de orégano seco
uma pitada de manjericão seco
1½ colher (sopa) de vinagre de vinho branco
½ colher (chá) de xarope de agave

1 Escorra o feijão em uma peneira e transfira para uma tigela. Descasque e pique finamente a echalota. Aqueça 3 colheres (sopa) do óleo do tomate seco em uma panela pequena e refogue a echalota até ficar transparente. Adicione o purê de tomate e cozinhe mais um pouco. Incorpore a mistura de echalota ao feijão.

2 Fatie os tomates secos em tiras finas e acrescente ao feijão; junte também a salsa, a hortelã e a alcaparra. Acerte o tempero a gosto adicionando sal, pimenta-do-reino, orégano, manjericão, vinagre e xarope de agave. Deixe a salada em infusão por 12 horas. Então, acerte o tempero novamente, se preciso, e transfira para sua marmita.

Rende 1 porção média ou 2 pequenas
Preparo: 15 minutos

SALADA INDIANA DE GRÃO-DE-BICO E ROMÃ

Uma nova maneira de utilizar essa maravilhosa fruta agridoce. As sementes de romã rendem uma combinação exótica com o grão-de-bico e o molho de hortelã e iogurte à moda indiana. Um complemento sofisticado à marmita vegana!

Para a salada
1 cebolinha
½ pimentão vermelho
½ cebola
1,5 cm de gengibre fresco
½ romã
400 g de grão-de-bico cozido e escorrido
25 g de pinhole

Para o molho
1 colher (sopa) de iogurte de soja, ou outro de base vegetal
1 colher (sopa) de folhas de hortelã picadas
½ colher (chá) de sal marinho
uma pitada de pimenta-do-reino branca moída na hora
uma pitada de cominho em pó
½ colher (chá) de garam masala
uma pitada de açúcar

1 Para a salada, apare e fatie a cebolinha em anéis finos. Remova as sementes do pimentão e corte-o em tiras finas. Descasque e pique finamente a cebola e o gengibre. Retire as sementes da romã. Despeje o grão-de-bico em uma peneira, enxágue em água fria e deixe escorrer. Coloque todos os ingredientes preparados em uma tigela.

2 Para o molho, misture o iogurte, a hortelã, o sal, a pimenta-do-reino, o cominho, o garam masala e o açúcar. Adicione o molho à tigela de salada e incorpore delicadamente. Toste o pinhole a seco em uma frigideira até dourar. Embale a salada e o pinhole separadamente ou simplesmente combine-os antes de preparar a marmita.

Rende 1 porção grande ou 2 pequenas
Preparo: 20 minutos
+ 30 minutos de infusão

SALADA ÁRABE DE LENTILHA

As lentilhas são uma das melhores fontes de proteína. Nessa salada, elas também garantem muito sabor, temperadas com especiarias árabes. A tâmara, com sua doçura, traz equilíbrio à receita, enquanto a harissa promove uma leve ardência – todos os ingredientes trabalham em perfeita harmonia para criar um almoço sofisticado.

Para a salada
400 g de lentilha puy [ou comum]
½ pepino
1 tomate bem grande
2 talos de aipo
¼ de maço de salsa
¼ de maço de hortelã
5 tâmaras sem caroço
1 echalota [ou ½ cebola roxa]
1 dente de alho pequeno
1 colher (sopa) de azeite

Para o molho
suco de 1 limão pequeno
1½ colher (sopa) de azeite extravirgem
½ colher (chá) de sal marinho
uma pitada de pimenta-do-reino moída na hora
uma pitada de cominho em pó
uma pitada de pimenta-da-jamaica em pó
1 colher (chá) de xarope de agave
½ colher (chá) de harissa

1 Para a salada, deixe a lentilha de molho por 2 horas, cozinhe até ficar *al dente* (cerca de 15 minutos), escorra e enxágue em água fria. Descasque o pepino, corte-o ao meio no sentido do comprimento, retire as sementes e pique em cubos. Corte o tomate em quartos, remova a parte central e as sementes e pique finamente. Fatie finamente os talos de aipo. Apanhe as folhas dos maços de ervas e pique-as finamente. Corte as tâmaras em pedaços pequenos. Descasque e pique finamente a echalota e o alho. Aqueça o azeite em uma panela e refogue a echalota em fogo médio, depois adicione o alho. Deixe esfriar e misture com os ingredientes preparados em uma tigela.

2 Para fazer o molho, misture o suco de limão, o azeite, o sal, a pimenta-do-reino, o cominho, a pimenta-da-jamaica, o xarope de agave e a harissa. Adicione o molho à salada. Deixe em infusão por ao menos 30 minutos, então prove e, se preciso, acerte o tempero com mais sal e pimenta-do-reino.

DICA

O ideal é preparar essa salada com antecedência, pois o tempo de infusão apura os sabores.

Rende 1 porção grande ou 2 pequenas
Preparo: 35 minutos

SALADA ORIENTAL DE COUVE-FLOR E BATATA

200 g de batata farinhenta
sal marinho
½ couve-flor pequena
½ berinjela pequena
1 dente de alho pequeno
1 pimenta dedo-de-moça
50 g de castanha-de-caju
2 ramos de coentro
1½ colher (sopa) de óleo de canola
120 ml de leite de coco
uma pitada de pimenta-do-reino moída na hora
uma pitada de cominho em pó
uma pitada de canela em pó
uma pitada de pimenta-da-jamaica em pó

1 Esfregue as batatas para limpá-las e cozinhe-as com a casca em água com sal por 20-25 minutos. Escorra e deixe esfriar, então descasque-as e corte-as em fatias grossas.

2 Enquanto isso, divida a couve-flor em floretes. Apare o talo da berinjela e corte-a em cubos. Descasque e pique finamente o alho. Corte a pimenta dedo-de-moça ao meio no sentido do comprimento, retire as sementes e pique finamente. Em uma frigideira, toste a castanha-de-caju a seco até dourar, deixe esfriar e pique grosseiramente. Apanhe as folhas dos ramos de coentro e pique-as finamente.

3 Aqueça o óleo em uma panela alta e refogue o alho em fogo médio. Adicione a couve-flor, a berinjela e a pimenta dedo-de-moça e continue a cozinhar até os vegetais ficarem *al dente*. Acrescente o leite de coco e tempere com sal, pimenta-do-reino, cominho e pimenta-da-jamaica. Incorpore a batata e transfira a mistura para uma tigela. Espalhe a castanha-de-caju e o coentro por cima da salada e deixe esfriar por completo.

SANDUÍCHES, WRAPS E ROLINHOS

de sanduíches a hambúrgueres — pastas, coberturas e wraps

Rende 1 porção grande ou 2 pequenas
Preparo: 10 minutos
+ 15 minutos de cozimento

6 fatias de pão integral
2½ colheres (sopa) de Ajvar rápido (abaixo)
2½ colheres (sopa) de margarina vegana

ROLINHO COLORIDO TOSTADO

Transforme qualquer pão de fôrma fatiado em um lanche criativo. Esses rolinhos coloridos com um relish vegetariano de origem sérvia são a solução perfeita para quem sente fome entre as refeições. Adicione alguns palitos de legumes e use o ajvar restante como dip.

Preaqueça o forno a 200°C. Remova a casca das fatias de pão e achate-as com um rolo de macarrão. Espalhe o ajvar na parte de cima das fatias e enrole-as. Derreta a margarina em uma frigideira e passe sobre os rolinhos. Distribua-os em um refratário e asse no centro do forno preaquecido por 15 minutos. Ficam uma delícia com salada, palitos de legumes ou antepastos.

Rende cerca de 250 g
Preparo: 10 minutos
+ 25 minutos de cozimento
+ 20 minutos de esfriamento

3 pimentões vermelhos grandes
½ pimenta dedo-de-moça grande
½ berinjela cortada ao meio no sentido do comprimento
1 colher (sopa) de óleo de girassol
1 colher (chá) de vinagre de maçã
uma pitada de sal marinho
uma pitada de pimenta-do-reino branca moída na hora
uma pitada de páprica picante
½ colher (chá) de xarope de agave

AJVAR RÁPIDO

1 Preaqueça o forno a 220°C. Forre uma assadeira com papel-manteiga. Corte os pimentões e a pimenta dedo-de-moça ao meio no sentido do comprimento e retire as sementes. Apare o talo da berinjela. Disponha os pimentões, a pimenta dedo-de-moça e a berinjela com a casca para cima na assadeira. Asse no centro do forno por cerca de 25 minutos, até as cascas escurecerem e formarem bolhas. Retire a assadeira do forno e cubra os vegetais com um pano de prato limpo e úmido. Deixe esfriar por cerca de 20 minutos.

2 Descasque os pimentões, a pimenta e a berinjela e corte em pedaços. Bata no processador de alimentos com o óleo, o vinagre, sal, pimenta-do-reino, páprica e o xarope de agave até ficar cremoso. Transfira para um frasco com tampa de rosca e guarde na geladeira.

DICA Para conservar o ajvar, coloque o frasco fechado em um refratário e cozinhe em banho-maria no forno preaquecido a 200°C por 25 minutos. Deixe esfriar dentro do forno. Assim, o ajvar dura até 3-4 meses.

Rende 1 porção
Preparo: 15 minutos

TARTAR DE TOMATE PICANTE NA CIABATTA CROCANTE

Essa é uma opção bastante rápida para um lanche completo: coloque a ciabatta tostada na marmita e pegue um frasco de tartar de tomate caseiro com azeitona preta. Depois basta desembalar, montar e aproveitar seu pão crocante com um molho aromático que derrete na boca. Muito simples!

4 tomates maduros
40 g de azeitona preta sem caroço
½ colher (chá) de sal marinho
uma pitada de pimentas em grãos variadas, moídas
raspas bem finas e suco de ½ limão-siciliano
2½ colheres (sopa) de azeite extravirgem
½ colher (chá) de vinagre balsâmico
½ colher (chá) de xarope de agave
1-2 colheres (sopa) de folhas de manjericão picadas
4 fatias de ciabatta

1 Se preferir, descasque os tomates; para isso, corte uma cruz na base dos frutos, coloque-os em uma tigela, cubra com água fervente e deixe por alguns instantes. Mergulhe em água gelada para que não comecem a cozinhar; as cascas vão simplesmente se soltar. Corte os tomates em quartos, remova as sementes e pique finamente. Pique também as azeitonas finamente.

2 Misture os tomates e as azeitonas com o sal, as pimentas variadas, as raspas de limão, 1 colher (chá) do suco de limão, 1 colher (sopa) do azeite, o xarope de agave e o manjericão. Prove e adicione mais suco de limão e possivelmente mais sal e pimenta, se desejar.

3 Aqueça a 1½ colher (sopa) restante de azeite em uma frigideira grande e toste ambos os lados das fatias de ciabatta até dourarem. Retire da frigideira e deixe esfriar. Embale a ciabatta e o tartar de tomate separadamente. Para servir, basta espalhar o tartar sobre as fatias de pão.

Cada receita rende 1 frasco
Preparo: 10 minutos
+ tempo de cozimento + tempo
de escorrimento e infusão

PATÊ DEFUMADO

200 g de tofu defumado
240 g de feijão-roxinho cozido
½ colher (chá) de mostarda inglesa
uma pitada de gengibre em pó
1 cebola grande
3-4 colheres (sopa) de azeite
2 colheres (chá) de manjerona seca
1 colher (chá) de folhas de salsa picadas
sal marinho
pimenta-do-reino moída na hora

1 Esmigalhe o tofu em pedacinhos e coloque no processador de alimentos. Escorra o feijão em uma peneira e adicione-o ao processador com a mostarda e o gengibre.

2 Descasque e pique finamente a cebola. Aqueça o azeite em uma frigideira e refogue a cebola em fogo médio. Transfira para o processador e bata bem, até obter uma consistência cremosa. Incorpore a manjerona e a salsa e tempere a gosto com sal e pimenta-do-reino.

PATÊ DE LABNEH DE SOJA E SEMENTE DE ABÓBORA

500 g de iogurte de soja
2 colheres (sopa) de sour cream vegano (p. 49)
2 colheres (sopa) de óleo de semente de girassol de boa qualidade
1 colher (chá) de sal marinho
uma pitada de pimenta-do-reino
3 colheres (sopa) de semente de abóbora sem casca

1 Coloque o iogurte em uma peneira forrada com um pano de prato limpo. Apoie a peneira em uma tigela e leve à geladeira para escorrer por 12 horas. Esprema e transfira o labneh de soja resultante para uma tigela. Junte o sour cream, o óleo, o sal e a pimenta-do-reino e bata com o mixer.

2 Reserve algumas sementes de abóbora para a decoração; pique finamente as restantes e toste-as a seco em uma frigideira. Deixe esfriar ligeiramente e incorpore ao labneh. Transfira para um frasco com tampa de rosca ou um recipiente hermético e polvilhe com as sementes de abóbora reservadas.

"CREAM CHEESE" PICANTE COM PEPININHO EM CONSERVA

500 g de iogurte de soja
80 g de sour cream vegano (p. 49)
70 g de margarina vegana
2 colheres (sopa) de páprica doce
¼ de colher (sopa) de páprica picante
½ colher (chá) de alho em pó
1 colher (chá) de sal marinho
1 colher (chá) de pimenta-do-reino branca moída na hora
1 colher (chá) de purê de tomate
15 g de alcaparra escorrida
2 pepininhos em conserva
½ pimentão vermelho pequeno
1 cebola pequena
uma pitada de pimenta em pó

1 Coloque o iogurte em uma peneira forrada com um pano de prato limpo. Apoie a peneira em uma tigela e leve à geladeira para escorrer por 12 horas. Esprema e transfira o queijo de soja resultante para uma tigela. Adicione o sour cream, a margarina, os dois tipos de páprica, o alho em pó, o sal, a pimenta-do-reino, o purê de tomate e a alcaparra. Use um mixer para bater tudo em uma tigela até homogeneizar.

2 Pique finamente os pepininhos. Remova as sementes do pimentão. Descasque a cebola e pique finamente, assim como o pimentão. Incorpore os ingredientes cortados ao creme de queijo. Acrescente pimenta em pó a gosto e deixe em infusão por 4-5 horas.

PATÊ PARA SANDUÍCHE

125 ml de caldo de legumes
1 cebola
14 biscoitos de arroz
1 colher (sopa) de óleo de girassol
2½ colheres (sopa) de purê de tomate
2 colheres (sopa) de cebolinha-francesa picada
½ colher (chá) de sal marinho
uma pitada de pimenta-do-reino moída na hora
½ colher (chá) de manjerona seca
uma pitada de páprica defumada

Em uma panela pequena, leve à fervura o caldo de legumes. Descasque e pique finamente a cebola e coloque em uma tigela. Esmigalhe os biscoitos de arroz e junte à cebola. Misture o caldo quente de legumes, o óleo, o purê de tomate, a cebolinha-francesa, o sal, a pimenta-do-reino, a manjerona e a páprica defumada.

PATÊ DE LENTILHA PICANTE

50 g de lentilha vermelha (ou comum)
150 ml de caldo de legumes
½ colher (chá) de cúrcuma em pó
½ colher (chá) de curry em pó
½ colher (chá) de coentro em pó
uma pitada de pimenta-calabresa
½ colher (chá) de sal marinho
½ colher (sopa) de azeite
2 gotas de fumaça líquida (opcional; em lojas especializadas ou on-line)

Enxágue a lentilha em uma peneira e deixe escorrer. Ferva no caldo de legumes em uma panela pequena, tampe, cozinhe por 15 minutos e deixe esfriar. Misture a lentilha e todo caldo restante com as especiarias, o sal, o azeite e a fumaça líquida (se for usar). Bata com o mixer até homogeneizar.

DICA Para degustar todos esses patês, leve na marmita seu pão fresco favorito, Bolinho de batata (p. 25) ou Bolinho de abobrinha (p. 121).

Rende 2 unidades
Preparo: 25 minutos
+ 12 horas de demolha

SANDUÍCHE DE "CREAM CHEESE" PICANTE

Traga um toque de frescor a sua marmita com rabanete, agrião, pepino e um delicioso "cream cheese" apimentado feito com castanha-de-caju. Rápido e fácil de preparar, esse creme não leva laticínios e é bastante versátil, perfeito para qualquer hora.

Para o "cream cheese" picante de castanha-de-caju

- 200 g de castanha-de-caju
- 2 colheres (chá) de suco de limão-siciliano
- 2 colheres (sopa) de azeite
- 2 pimentas dedo-de-moça
- 2 colheres (sopa) de levedura nutricional
- 1 colher (chá) de sal marinho
- uma pitada de pimenta-do-reino moída na hora
- ½ colher (chá) de páprica defumada
- 5 gotas de molho de pimenta (opcional)

Para os sanduíches

- ¼ de pepino
- ½ maço de rabanete
- ½ maço pequeno de agrião
- um punhado de salada de folhas
- 4 fatias de pão integral

1 Para fazer o "cream cheese", deixe a castanha-de-caju de molho em água fria por 12 horas. Escorra em uma peneira e bata no processador de alimentos com 100 ml de água, o suco de limão e o azeite. Transfira para uma tigela. Corte as pimentas dedo-de-moça ao meio no sentido do comprimento, retire as sementes e pique finamente. Incorpore ao creme de castanha-de-caju. Adicione a levedura, o sal, a pimenta-do-reino, a páprica e o molho de pimenta (se for usar) e misture até homogeneizar.

2 Para os sanduíches, descasque e pique finamente o pepino. Pique também os rabanetes finamente. Apare o agrião com uma tesoura. Rasgue as verduras para salada em pedaços pequenos.

3 Toste as fatias de pão e espalhe sobre elas o cream cheese. Distribua as verduras em duas das torradas, cubra com as fatias de pepino e de rabanete e salpique com o agrião. Feche os sanduíches com as torradas restantes. Se desejar, corte-os na metade e embale em um recipiente hermético.

DICA Incremente a salada com um vinagrete antes de adicioná-la aos sanduíches. Misture 1 colher (chá) de echalota [ou cebola roxa] finamente picada com 1 colher (chá) de vinagre de vinho branco, 1½ colher (sopa) de azeite extravirgem, uma pitada (cada) de sal, pimenta-do-reino e açúcar, e ¼ de colher (chá) de mostarda de Dijon.

Rende 2
Preparo: 20 minutos
+ 1 hora de cozimento
+ 12 horas de infusão

SANDUÍCHE DE JACA DESFIADA AO BARBECUE

O sanduíche de churrasco típico das ruas torna-se aqui um almoço vegano delicioso e saudável com molho barbecue. O papel da carne desfiada é desempenhado pela jaca, ingrediente comum na culinária asiática.

560 g de jaca verde em conserva de água ou salmoura*
2 colheres (sopa) de azeite
sal marinho
2 dentes de alho
150 g de molho barbecue vegano, mais um pouco para o sanduíche
pimenta-do-reino moída na hora
4 fatias de pão
4 folhas de alface
1 tomate fatiado
1 cebola roxa pequena fatiada finamente

* Produto difícil de encontrar no Brasil. Pode ser substituído por jaca *in natura* verde, que deve ser cozida no forno (cerca de 1h30-2h em temperatura média) ou na panela de pressão (cerca de 40 minutos).

1 Coloque a jaca em uma peneira, deixe escorrer bem, enxágue em água fria e escorra novamente. Rasgue a polpa em pedaços grosseiros. Aqueça o azeite em uma panela e refogue a jaca por 3-4 minutos em fogo médio, depois tempere com sal. Descasque e amasse o alho e refogue ligeiramente também. Adicione o molho barbecue, mexa, tampe e cozinhe em fogo baixo por 1 hora. Mexa de vez quando e, se necessário, acrescente um pouco de água. Tempere a gosto com sal e pimenta-do-reino, retire do fogo e deixe em infusão por 12 horas.

2 Toste ligeiramente as fatias de pão no grill ou em uma torradeira e pincele-as com um pouco de molho barbecue. Cubra duas das fatias com uma folha de alface cada. Coloque o tomate, a cebola e um pouco de jaca desfiada por cima e regue com molho barbecue. Finalize com as folhas de alface restantes e feche o sanduíche com as outras fatias de pão. Embale em filme de PVC.

DICA

Se você encontrar jaca enlatada em lojas asiáticas, é muito importante para a receita que seja verde e conservada em água ou em salmoura, não em xarope!

Rende 2 unidades
Preparo: 35 minutos
+ 12 horas de infusão

BAGEL COM MAIONESE DE TEMPEH

A alga nori traz ao bagel um sabor marítimo, que é equilibrado nessa receita pelo tempeh. Esse fermentado de soja é grande fonte de saúde e merece extrapolar as fronteiras de seu país de origem, a Indonésia. Você pode inventar outros recheios, mas saiba que os brotos de feijão sempre garantem mais sabor e beleza ao prato.

Para a maionese de tempeh
200 g de tempeh em bloco
½ talo de aipo
½ cebola pequena
130 g de Maionese vegana (p. 57)
1 colher (chá) de endro seco
2 colheres (sopa) de suco de limão-siciliano
sal marinho
pimenta-do-reino moída na hora
1 colher (chá) de mostarda de Dijon
1 colher (chá) de xarope de agave
2 colheres (chá) de flocos de alga nori (em lojas de produtos asiáticos)

Para os bagels
2 bagels
4 folhas de alface (opcional)
um punhado de brotos de feijão (opcional)

1 Para a salada, cozinhe o tempeh no vapor por 20-30 minutos. Deixe esfriar e, então, esmigalhe-o com os dedos ou em um processador de alimentos. Pique finamente o aipo. Descasque a cebola e pique finamente também.

2 Coloque o aipo, a cebola, a Maionese vegana, o endro, o suco de limão, sal, pimenta-do-reino, a mostarda, o xarope de agave e os flocos de nori em uma tigela e misture bem. Incorpore o tempeh e deixe em infusão em um recipiente hermético por 12 horas.

3 Para finalizar, corte ao meio e toste os bagels. Coloque duas folhas de alface (se for usar) em cada base, cubra com a salada de tempeh e os brotos de feijão (se for usar) e feche com a metade superior dos bagels. Embale em filme de PVC ou papel-manteiga.

Rende 2 unidades
Preparo: 40 minutos

SANDUÍCHE DE FRITADA DE BATATA

O *hash brown* (fritada de batata) é mais do que um clássico de café da manhã americano. Nessa receita, ele compõe um sanduíche sofisticado, incrementado por um molho saboroso, resultando em um almoço fantástico.

Para as fritadas de batata
500 g de batata
½ colher (chá) de sal marinho
pimenta-do-reino moída na hora
uma pitada de noz-moscada moída na hora
1-2 colheres (chá) de óleo de canola

Para o molho
2 colheres (sopa) de Maionese vegana (p. 57)
2 colheres (sopa) de relish de pepino
½ colher (chá) de sal marinho
½ colher (chá) de páprica defumada
½ colher (chá) de alho em pó
½ colher (chá) de cebola em pó
½ colher (chá) de vinagre de maçã

Para os sanduíches
2 pães integrais, ou 4 fatias de pão de fôrma integral
um punhado de salada de folhas
1 tomate fatiado
1½ colher (sopa) de pepino/pepininho em conserva doce ou picante
2 colheres (chá) de cebola crocante (comprada pronta)

1 Para fazer as fritadas, descasque e rale grosseiramente as batatas, coloque-as em um pano de prato limpo e esprema até sair todo o líquido. Misture com o sal, pimenta-do-reino e a noz-moscada em uma tigela. Aqueça ½-1 colher (chá) do óleo em uma frigideira, adicione metade da mistura de batata, use uma espátula para achatá-la bem e frite em fogo médio por 3-4 minutos. Quando as bordas estiverem crocantes, vire com cuidado e frite o outro lado até dourar. Retire e escorra em papel-toalha. Faça o mesmo com o óleo (½-1 colher de chá) e a batata restantes.

2 Para o molho, misture em uma tigela pequena a maionese, o relish de pepino, o sal, a páprica, o alho em pó, a cebola em pó, o vinagre e um pouco mais de pimenta-do-reino, ajustando as quantidades a gosto.

3 Toste os pães. Espalhe o molho sobre as bases ou sobre duas fatias de pão e cubra com a salada de folhas, o tomate, o pepino em conserva, a cebola crocante e a fritada de batata. Feche com as metades superiores ou as fatias restantes de pão. Embale os sanduíches com filme de PVC.

Rende 2 unidades
Preparo: 30 minutos

HAMBÚRGUER DE BATATA--DOCE COM BARBECUE

É difícil imaginar uma refeição mais gostosa e substanciosa que esse hambúrguer de batata-doce com molho barbecue! Incrementado com uma combinação exótica de especiarias e acompanhado de vegetais crocantes, ele vai deixá-lo satisfeito e feliz.

Para os hambúrgueres
1 batata-doce grande
sal marinho
1 echalota [ou ½ cebola roxa]
½ maço de cebolinha-francesa
uma pitada de pimenta-do-reino moída na hora
½ colher (chá) de páprica defumada
1 colher (sopa) de manjerona seca
uma pitada de cominho em pó
uma pitada de pimenta-da-jamaica em pó
1 colher (chá) de mostarda de Dijon
2 colheres (sopa) de farinha de trigo ou farinha sem glúten
40 g de farinha de rosca
2½ colheres (sopa) de óleo de canola

Para a montagem
2 pães de hambúrguer grandes
molho barbecue vegano
um punhado de salada de folhas
um pedaço pequeno de pepino fatiado
1 tomate fatiado
um punhado de folhas de coentro

1 Para os hambúrgueres, descasque a batata-doce, corte em pedaços pequenos e cozinhe em água com uma pitada de sal por 10-15 minutos, até amaciar. Escorra em uma peneira. Descasque e pique finamente a echalota. Corte bem a cebolinha-francesa. Use um espremedor de batata para fazer um purê com a batata-doce, a echalota e a cebolinha-francesa em uma tigela, até homogeneizar. Misture ½ colher (chá) de sal, a pimenta-do-reino, a páprica, a manjerona, o cominho, a pimenta-da-jamaica e a mostarda. Adicione a farinha de trigo ou sem glúten e misture tudo de novo.

2 Espalhe a farinha de rosca em um prato. Modele dois discos iguais com a mistura de batata-doce e passe-os na farinha de rosca. Aqueça o óleo em uma frigideira e frite os hambúrgueres em fogo médio, dos dois lados, até dourarem. Retire da frigideira e escorra em papel-toalha.

3 Corte os pães ao meio, toste e espalhe molho barbecue sobre as superfícies cortadas. Cubra as bases dos pães com a salada de folhas, um hambúrguer, fatias de pepino e tomate e um pouco de coentro. Feche os sanduíches com as metades superiores dos pães e embale em filme de PVC. Se desejar, adicione mais molho barbecue.

Rende 2 unidades
Preparo: 30 minutos

PÃO PITA COM SALADA DE MAIONESE

Essa é uma iguaria de inspiração oriental feita com tofu tostadinho, repolho crocante e especiarias – a magia das 1.001 noites embalada no pão pita.

- 150 g de tofu defumado
- 3 colheres (sopa) de azeite
- 250 g de tofu comum firme
- 1 cebola roxa pequena
- 2 cebolinhas
- 175 g de repolho
- 90 g de grão-de-bico cozido
- 150-200 g de Maionese vegana (p. 57)
- 1 colher (chá) cheia de sal negro kala namak (opcional)
- 1½ colher (chá) de sal marinho
- ½ colher (chá) de pimenta-do-reino moída na hora
- 3 colheres (chá) de curry em pó
- 1 colher (sopa) de cúrcuma em pó
- 1 colher (sopa) de cebolinha-francesa picada
- 2 pães pita

1 Para fazer a salada, corte o tofu defumado em cubos bem pequenos. Aqueça o azeite em uma frigideira e refogue o tofu inicialmente em fogo alto e depois em fogo médio até ficar crocante e firme. Reserve.

2 Corte o tofu comum em cubos de 1 cm. Descasque e pique finamente a cebola roxa. Fatie as cebolinhas em anéis. Fatie o repolho em tiras finas e pique. Escorra bem o grão-de-bico em uma peneira. Misture o tofu comum, a cebola roxa, as cebolinhas, o repolho e o grão-de-bico em uma tigela.

3 Incorpore a maionese. Tempere a salada a gosto com o sal negro (se for usar), o sal marinho, a pimenta-do-reino, o curry e a cúrcuma. Junte o tofu defumado e a cebolinha-francesa. Abra os "envelopes" de pão pita. Embale-os em separado da salada e recheie-os no momento do consumo.

DICA

Seu almoço vai ficar ainda mais gostoso se você aquecer ligeiramente os pães pita no forno pouco antes de recheá-los.

Rende 4 unidades
Preparo: 40 minutos

FOCACCIA
COM HOMUS DE ESPINAFRE E KAFTA DE LENTILHA

Para as kaftas
125 g de lentilha vermelha [ou comum]
120 ml de caldo de legumes
1 colher (sopa) de farinha de rosca integral
2 colheres (sopa) de farinha de trigo
uma pitada de sal marinho
uma pitada de páprica picante
uma pitada de páprica defumada
1 colher (sopa) de cebolinha fatiada em anéis
azeite, para fritar

Para o homus
200 g de grão-de-bico cozido
suco de 1 limão-siciliano pequeno
100 g de espinafre
3½ colheres (sopa) de azeite extravirgem
2 colheres (chá) de tahine
1 colher (chá) de cominho em pó
1 colher (chá) de sal marinho
½ colher (chá) de curry em pó
uma pitada de pimenta em pó
2 dentes de alho pequenos amassados

Para os sanduíches
4 tomates-cereja pequenos
1 focaccia grande
2 punhados de salada de folhas
1 pimentão vermelho pequeno fatiado

1 Para as kaftas, cozinhe a lentilha no caldo de legumes em fogo médio, numa panela tampada, por 10-15 minutos, até amaciar.

2 Enquanto isso, faça o homus. Escorra o grão-de-bico e misture-o em uma tigela com os outros ingredientes. Bata tudo com um mixer até ficar homogêneo e cremoso. Reserve.

3 Escorra a lentilha em uma peneira, deixe esfriar ligeiramente e bata bem com o mixer. Transfira para uma tigela, adicione a farinha de rosca, a farinha de trigo, o sal, os dois tipos de páprica e a cebolinha e misture até obter uma consistência firme. Usando as mãos, modele cerca de dezesseis bolinhas. Aqueça o azeite em uma frigideira e frite as kaftas em lotes em fogo médio, virando até dourarem por completo. Escorra em papel-toalha.

4 Corte os tomates ao meio ou em quartos, dependendo do tamanho. Corte a focaccia em quatro pedaços e, se desejar, aqueça no forno, então corte cada pedaço ao meio na horizontal e recheie-os com o homus, a salada de folhas, o pimentão, os tomates e quatro kaftas. Embale em filme de PVC.

DICA

Alho assado também vai bem nesses sanduíches. Preaqueça o forno a 180°C, corte o talo de 1 cabeça de alho e retire a casca mais externa. Misture 3 colheres (sopa) de azeite com 1 colher (chá) de ervas da Provença (p. 25) e uma pitada de sal marinho. Pincele um refratário com o azeite temperado, adicione o alho, regue com o restante do azeite e asse por 30 minutos, até amaciar. Esprema os dentes de alho e use no recheio do sanduíche.

Rende 4 unidades
Preparo: 30 minutos

WRAP VEGETAL

O repolho-savoy serve de invólucro para o recheio de tempeh nessa receita, que leva também repolho-roxo para ganhar uma textura crocante e gomos de laranja suculentos. Esses rolinhos são uma ótima e refrescante alternativa aos wraps massudos à venda em restaurantes. Embale o molho separadamente para depois mergulhar seus wraps.

1 Lave as folhas do repolho-savoy e remova o talo central. Aqueça o caldo de legumes em uma panela e branqueie as folhas em fogo médio por 2 minutos. Retire-as da panela, mergulhe em água gelada, seque e reserve.

2 Fatie o tempeh em tiras finas. Descasque e fatie finamente a cebola. Aqueça o óleo de coco em uma frigideira e refogue o tempeh em fogo alto. Adicione as fatias de cebola e continue a refogar até ela ficar transparente. Tempere com sal e pimenta-do-reino.

3 Corte o repolho-roxo em tiras finas e transfira para uma tigela. Polvilhe com sal e misture. Descasque e divida a laranja em gomos, reservando todo o suco que escorrer no processo. Junte os gomos e o suco de laranja com o repolho-roxo. Incorpore a cebolinha-francesa.

4 Para o molho, misture em uma tigela o iogurte de soja com a salsa, o óleo de nozes, o sal, a pimenta-do-reino branca e a canela. Disponha as folhas de repolho-savoy em sua superfície de trabalho e coloque um pouco de salada de repolho-roxo e tempeh ao longo do centro de cada uma. Dobre as laterais das folhas sobre o recheio e então enrole-as cuidadosamente a partir da base. Enfim, amarre os rolinhos com barbante para que não se desmanchem ao serem transportados. Embrulhe em papel-manteiga, papel-alumínio ou filme de PVC. Embale o molho separadamente.

Para os wraps
4 folhas grandes de repolho-savoy
250 ml de caldo de legumes
50 g de tempeh
1 cebola roxa pequena
1 colher (chá) de óleo de coco
sal marinho
pimenta-do-reino branca moída na hora
100 g de repolho-roxo
½ laranja
1 colher (sopa) de cebolinha-francesa picada

Para o molho
100 g de iogurte de soja, ou outro de base vegetal
½ colher (sopa) de folhas de salsa picadas
um fio de óleo de nozes (ou azeite de oliva)
uma pitada de sal marinho
uma pitada de pimenta-do-reino branca moída na hora
uma pitada de canela em pó

Rende 2
Preparo: 30 minutos

WRAP DE SALADA ASIÁTICA COM HARUSAME

Essa é uma salada de harusame (macarrão-celofane) com um toque especial: embrulhada em um delicioso wrap. O recheio tem tudo o que você poderia esperar de uma salada asiática perfeita, mas é incrementado com castanhas-de-caju. O resultado é uma iguaria do Oriente em sua marmita.

1 abobrinha
75 g de harusame (macarrão-celofane)
½ maço de cebolinha
½ cebola
1 pimentão vermelho
1 dente de alho pequeno
1 cm de gengibre fresco
20 g de castanha-de-caju
2½ colheres (sopa) de óleo de girassol
2 colheres (sopa) de molho de soja
3½ colheres (sopa) de leite de coco
1 colher (sopa) de folhas de coentro picadas
sal marinho
pimenta-do-reino moída na hora
1½ colher (sopa) de suco de limão
¼ de maço de alface-americana
2 wraps
50 g de molho agridoce vegano*

* Misture bem ½ xícara de açúcar, 3 colheres (sopa) de gengibre fresco ralado, 2 colheres (sopa) de suco de limão, 1 colher (sopa) de vinagre de maçã, ½ colher (chá) de sal e 3 colheres (sopa) de azeite extravirgem.

1 Com um fatiador em espiral, corte a abobrinha em tiras finas, como espaguete. Se preferir, use um descascador de legumes para criar finas fatias no sentido do comprimento, depois corte-as em tiras com uma faca. Ponha a abobrinha e o macarrão de molho em uma tigela grande com água morna por 10 minutos, até o macarrão ficar macio. Transfira para uma peneira e deixe escorrer antes de recolocar na tigela. Reserve.

2 Fatie finamente a cebolinha e a meia cebola. Corte o pimentão em quartos, retire as sementes e pique em tiras. Descasque e pique finamente o alho e o gengibre. Em uma frigideira, toste a seco a castanha-de-caju até dourar.

3 Aqueça o óleo em uma panela. Refogue a cebolinha, a cebola e o pimentão em fogo alto. Adicione o alho e o gengibre e refogue mais um pouco. Despeje o molho de soja e o leite de coco e acrescente o coentro. Incorpore a castanha-de-caju.

4 Junte os vegetais da panela à abobrinha e ao macarrão da tigela. Adicione sal e pimenta-do-reino a gosto e o suco de limão. Separe as folhas da alface-americana e rasgue-as grosseiramente. Aqueça ligeiramente os wraps e disponha-os na superfície de trabalho. Regue com o molho agridoce, cubra com a alface e a salada de macarrão-celofane e enrole-os com firmeza. Embrulhe em papel-manteiga, papel-alumínio ou filme de PVC.

DICA Enrole um wrap em um pedaço de papel-manteiga e corte-o ao meio na diagonal. Fica mais fácil comer assim.

Rende 2 unidades grandes
Preparo: 30 minutos

TOFU MEXIDO COM ESPINAFRE E RÚCULA

Para o espinafre
1 cebola pequena
1 dente de alho
½ colher (sopa) de margarina vegana
100 g de espinafre
1 colher (sopa) de creme de soja, ou outro de base vegetal

Para o tofu
1 cebola pequena
1 tomate grande
½ pimentão vermelho
250 g de tofu
3 colheres (sopa) de azeite
¾ de colher (chá) de cúrcuma em pó
1½ colher (chá) de curry em pó
2 colheres (sopa) de molho de soja
2 colheres (sopa) de leite de soja, ou outro de base vegetal
sal marinho
pimenta-do-reino moída na hora
2 colheres (sopa) de cebolinha-francesa picada

Para os wraps
2 wraps grandes
40 g de rúcula

Quem precisa de ovos quando se tem tofu? Essa versão de ovos mexidos vegana fica uma delícia no wrap, acompanhada de espinafre e pimentão vermelho crocante. Bem enroladinho, esse é o almoço para viagem perfeito.

1 Para a mistura de espinafre, descasque a cebola e o alho e, respectivamente, pique-a e amasse-o. Derreta a margarina em uma panela e refogue a cebola em fogo médio. Adicione o espinafre, tampe e deixe murchar. Junte o creme de soja e o alho e espere engrossar ligeiramente.

2 Para fazer o mexido de tofu, descasque e pique a cebola. Corte o tomate ao meio, remova o talo e as sementes e pique a polpa. Retire as sementes do pimentão e pique-o. Esmigalhe o tofu com os dedos. Aqueça o azeite em uma panela e frite a cebola e o tofu em fogo alto por 1 minuto, então reduza o fogo para médio e continue a fritar até dourar. Mexa, adicione a cúrcuma e o curry e cozinhe por 3-4 minutos. Despeje o molho de soja e cozinhe por outros 3-4 minutos. A seguir, acrescente o tomate e o leite de soja. Tempere a gosto com sal e pimenta-do-reino e deixe em fogo baixo por mais um pouco. Retire do fogo e finalmente incorpore a cebolinha-francesa.

3 Para a montagem, aqueça os wraps e disponha-os na superfície de trabalho. Espalhe o espinafre ao longo do centro de cada wrap e cubra com o mexido de tofu e algumas folhas de rúcula. Dobre as laterais do wrap sobre o recheio. Então, dobre a parte inferior para cima, pressione de leve e enrole com firmeza a partir da base. Se desejar, corte cada wrap na metade e embrulhe com papel-alumínio.

Rende 1 unidade grande ou 2 pequenas
Preparo: 15 minutos
+ 15 minutos de cozimento

BURRITO DE ARROZ E FEIJÃO
COM SALSA MEXICANA

1 Primeiro, prepare o arroz. Aqueça o azeite em uma panela e refogue o arroz em fogo médio. Adicione 130 ml de água, a salsa mexicana e o sal. Leve à fervura em fogo alto, tampe, reduza o fogo e cozinhe por 10-15 minutos, até ficar no ponto.

2 Enquanto isso, descasque e pique finamente a cebola. Escorra o feijão em uma peneira. Aqueça 2 colheres (sopa) de azeite em uma panela e refogue a cebola e o feijão em fogo alto. Reduza o fogo para médio e adicione o alho em pó, a cebola em pó, o sal e molho sriracha a gosto. Despeje 80 ml de água e cozinhe por 2-3 minutos. Amasse a mistura de feijão com um espremedor de batata até obter um purê rústico. Se parecer muito seco, acrescente um pouco mais de água. Acerte o tempero novamente.

3 Descasque o avocado, retire o caroço e fatie a polpa. Aqueça a tortilha, ou tortilhas, e disponha na superfície de trabalho. Espalhe no centro uma camada espessa de arroz e cubra com a massa de feijão. Coloque fatias de avocado por cima e regue com molho sriracha antes de polvilhar com salsa. Dobre as laterais da tortilha sobre o recheio. Então, dobre a parte inferior para cima e pressione de leve antes de enrolar o burrito com firmeza a partir da base. Se desejar, aqueça um pouco de azeite em uma frigideira e frite o burrito em fogo médio, para compactá-lo melhor e apurar os sabores. Embrulhe em papel-alumínio para levar de almoço.

DICA Em geral, as tortilhas à venda em supermercados são bem pequenas. Procure tortilhas maiores em lojas especializadas. Em vez de molho sriracha, você pode usar outros molhos de pimenta veganos.

Para o arroz
100 g de salsa mexicana picante vegana*
1 colher (sopa) de azeite
100 g de arroz de jasmim
½ colher (chá) de sal marinho

Para o feijão
½ cebola
200 g de feijão-roxinho cozido
2 colheres (sopa) de azeite, mais um pouco para fritar
½ colher (chá) de alho em pó
½ colher (chá) de cebola em pó
uma pitada de sal marinho
molho sriracha a gosto, ou outro tipo de molho de pimenta
½ avocado (ou ¼ de abacate)
1 tortilha bem grande (ver dica à esq.) ou 2 tortilhas pequenas
salsa, para polvilhar (opcional)

* Para o molho de salsa picante, misture bem 1 colher (sopa) de azeite, ½ cebola picada finamente, 1 dente de alho pequeno espremido, 2 tomates pequenos sem sementes e picados finamente, ¼ de pimentão vermelho picado finamente, ½ pimenta dedo-de-moça picada finamente, 2 colheres (sopa) de molho de tomate tradicional, 1 colher (sopa) de salsa fresca picada, sal e pimenta--do-reino a gosto. Se quiser a salsa mais apimentada, adicione molho de pimenta a gosto.

Rende 5 unidades
Preparo: 30 minutos
+ 30 minutos de cozimento no vapor

Para as salsichas veganas
160 g de glúten em pó, ou farinha de glúten
10 g de flocos finos de aveia
20 g de farinha de grão-de-bico
1 colher (chá) de páprica picante
1 colher (chá) de páprica defumada
10 g de levedura nutricional
2 colheres (chá) de alho em pó
¾ de colher (chá) de sal marinho
½ colher (chá) de pimenta-do-reino moída na hora
140 g de tofu meio firme
110 ml de caldo de legumes
2 colheres (sopa) de azeite, mais um pouco para fritar
2 colheres (sopa) de molho de soja

Para os cachorros-quentes
5 pães de cachorro-quente
ketchup
10 fatias de pepino em conserva
complementos opcionais: mostarda, Maionese vegana (p. 57), cebola frita

CACHORRO-QUENTE CASEIRO

1 Para fazer as salsichas, misture o glúten, a aveia, a farinha de grão-de-bico, os dois tipos de páprica, a levedura, o alho em pó, o sal e a pimenta-do-reino em uma tigela. Bata o tofu, o caldo de legumes, o azeite e o molho de soja no processador de alimentos até homogeneizar. Adicione essa pasta à mistura seca na tigela e mexa delicadamente. Divida a massa em cinco porções e modele cada uma em uma salsicha com cerca de 15 cm de comprimento.

2 Embale bem cada salsicha em papel-alumínio, torcendo as pontas como um bombom. Cozinhe os pacotes no vapor por 30 minutos. Deixe esfriar e desembrulhe. Aqueça um pouco de azeite em uma frigideira e refogue as salsichas em fogo médio por 4-5 minutos, virando-as para dourarem por inteiro.

3 Para servir, aqueça os pães de cachorro-quente e recheie cada um com um pouco de ketchup, uma salsicha e duas fatias de pepino. Se desejar, regue com um pouco de mostarda ou Maionese vegana e polvilhe com cebola frita.

Rende 5 porções
Preparo: 20 minutos

Para o molho de curry
1 cebola grande
5 colheres (sopa) de azeite
160 g de ketchup
100 ml de caldo de legumes
4 colheres (chá) generosas de curry em pó suave, mais um pouco para servir
½ colher (chá) de pimenta em pó
sal marinho
pimenta-do-reino moída na hora
1 colher (chá) generosa de açúcar

Para as salsichas
5 salsichas veganas (acima)

CURRYWURST CASEIRO

1 Faça as salsichas seguindo os passos 1 e 2 acima. Para o molho de curry, descasque e pique finamente a cebola. Aqueça o azeite em uma panela e refogue a cebola em fogo médio. Adicione o ketchup e o caldo de legumes. Reduza o fogo, junte o curry em pó, a pimenta em pó, o sal, a pimenta-do-reino e o açúcar e cozinhe em fogo baixo.

2 Para servir, corte as salsichas em pedaços médios, regue com o molho de curry e polvilhe com um pouco de curry em pó.

DICA Você pode congelar as salsichas ou mantê-las na geladeira por até 2-3 dias.

Rende 4 unidades
Preparo: 20 minutos
+ 30 minutos de crescimento
+ 20 minutos de cozimento

PÃOZINHO CASEIRO RECHEADO COM ERVAS, AZEITONA E TOMATE

Essa é a finger food perfeita: pãezinhos assados com recheio à moda mediterrânea, feitos em casa. Muitas ervas aromáticas equilibram a espetacular mistura de tofu, tomate e azeitona. Leve na marmita e desfrute um almoço incomparável.

Para a massa

400 g de farinha de trigo
1 colher (chá) de sal marinho
7 g fermento biológico seco
1½ colher (sopa) de açúcar
1 colher (chá) de sementes variadas (como papoula, alcaravia, gergelim preto ou chia)
1-2 colheres (sopa) de linhaça triturada, mais 1½ colher (sopa) para polvilhar
3½ colheres (sopa) de azeite
2 colheres (sopa) de creme de soja, ou outro de base vegetal
1 colher (chá) de ervas da Provença (p. 25)

Para o recheio

1 echalota [ou ½ cebola roxa]
175 g de tofu
2 colheres (chá) de manjericão seco
1 colher (chá) de ervas da Provença
½ colher (chá) de orégano seco
½ colher (chá) de sal marinho
uma pitada de pimenta-do-reino moída na hora
5 tomates secos em óleo
1 colher (sopa) de azeite
40 g de creme de soja, ou outro de base vegetal
15 azeitonas-kalamata sem caroço [ou azeitonas pretas]

1 Para fazer a massa, misture a farinha, o sal, o fermento, o açúcar e as sementes em uma tigela, usando um batedor. Adicione o azeite e 200 ml de água morna e sove a massa com as mãos por cerca de 10 minutos, até que fique macia – sove vigorosamente para injetar bastante ar na massa. Cubra e deixe crescer em local aquecido por 30 minutos.

2 Enquanto isso, descasque e pique grosseiramente a echalota. Bata-a em um processador de alimentos com o tofu, o manjericão, as ervas da Provença, o orégano, o sal, a pimenta-do-reino e os tomates secos. Então, adicione o azeite e o creme de soja e bata até obter uma pasta não muito empelotada. Dependendo do tamanho, corte as azeitonas ao meio ou em quartos e junte-as à mistura. Se necessário, acerte o tempero a gosto com mais sal e pimenta-do-reino.

3 Preaqueça o forno a 200°C. Forre uma assadeira com papel-manteiga. Divida a massa em quatro pedaços iguais e modele-os em discos. Coloque um quarto do recheio no centro de cada disco, junte as bordas da massa, pressione para selar e alise ligeiramente a superfície. Vire o pãozinho e ajeite o formato.

4 Coloque os pãezinhos na assadeira, pincele com bastante creme de soja e polvilhe com linhaça e ervas da Provença. Asse no centro do forno por cerca de 18 minutos. Deixe esfriar por completo em uma grade.

Rende 1 bolo de 25 cm
Preparo: 10 minutos
+ 30 minutos de crescimento
+ 1 hora de cozimento

BOLO DE ABOBRINHA

Que tal levar um bolo para o lanche no trabalho? Com abobrinha, cenoura e a sofisticada macadâmia, esse bolo rico em vitaminas é o companheiro ideal para qualquer ocasião. E também é bastante versátil: fica gostoso tanto com geleias quanto com patês mais condimentados.

1 abobrinha grande ou 2 pequenas
1 cenoura pequena
75 g de macadâmia
225 g de farinha de trigo
uma pitada de sal marinho
uma pitada de canela em pó
1 colher (chá) de fermento químico em pó
80 g de açúcar
suco de ½ limão-siciliano
margarina vegana, para untar

Equipamento especial
fôrma de bolo inglês de 25 cm

1 Rale a abobrinha e a cenoura. Pique as macadâmias e misture-as com a farinha, o sal, a canela, o fermento, o açúcar e o suco de limão em uma tigela. Adicione a abobrinha, a cenoura e 150 ml de água; mexa até homogeneizar. Cubra e deixe a massa crescer por cerca de 30 minutos.

2 Preaqueça o forno a 180°C. Unte a fôrma, despeje nela a massa e asse na parte mais baixa do forno por cerca de 1 hora. Veja se o bolo está pronto inserindo um palito em seu centro. Se o palito sair limpo, retire o bolo do forno; caso contrário, asse por mais alguns minutos e teste de novo. Deixe o bolo esfriar na assadeira por 10 minutos, depois desenforme em uma grade e espere esfriar completamente.

DICA

Para uma versão mais doce, misture 75 g de açúcar de confeiteiro com 2 colheres (sopa) de suco de limão-siciliano e despeje sobre o bolo. Ou pincele o topo do bolo com chocolate vegano derretido e polvilhe com oleaginosas picadas. As crianças adoram fatias desse bolo com geleia e creme de amendoim. Para uma versão salgada, escolha um patê (pp. 90-4) e complete com alface, pepino e tomate.

PRATOS PRINCIPAIS

substanciosos — vegetais, massas e vários tipos de arroz

Rende 1 porção grande ou 2 pequenas
Preparo: 15 minutos

TOMATE RECHEADO
À MODA MEDITERRÂNEA

Tomates bem maduros são usados nesse pequeno banquete, que você pode providenciar em um instante para levar na marmita. Eles são recheados com um creme feito de castanha-de-caju, creme de leite vegetal, óleo de argan (muito nutritivo), rúcula e azeitonas pretas – uma verdadeira explosão de sabores. É só colocar a tampinha nos tomates e eles estão prontos!

4 tomates
60 g de rúcula
6 azeitonas pretas sem caroço
100 g de "Cream cheese" picante de castanha-de-caju (p. 94)
2 colheres (sopa) de creme de espelta, ou outro de base vegetal
½ colher (chá) de óleo de argan comestível [ou azeite de oliva]
uma pitada de sal marinho
uma pitada de pimenta-do-reino moída na hora
uma pitada de orégano seco
uma pitada de alecrim seco

1 Corte uma tampinha na parte superior do tomate. Retire o núcleo com uma colher, descarte as sementes e pique a polpa. Pique a rúcula (bem finamente) e as azeitonas.

2 Use o mixer para bater o "Cream cheese" picante de castanha-de-caju com o creme de espelta e o óleo de argan. Incorpore a polpa de tomate, a rúcula e as azeitonas e tempere a gosto com sal, pimenta-do-reino, orégano e alecrim. Distribua o recheio entre os tomates ocos e feche-os com as tampinhas. Esse prato fica uma delícia com pão rústico.

Rende 1 porção grande ou 2 pequenas
Preparo: 25 minutos

SCHNITZEL DE BERINJELA
COM CREME DE ALHO

Está morrendo de fome e quer algo que o satisfaça plenamente? Então essa berinjela crocante empanada no creme de aveia com páprica é exatamente o que você procura – e é ainda uma alternativa exótica ao almoço sem graça de sempre. O creme de alho fica pronto em um instante e compõe um prato excelente que agrada a todos.

Para o Schnitzel
1 berinjela grande
sal marinho
100 g de farinha de trigo
pimenta-do-reino branca moída na hora
200 g creme de aveia gelado, ou outro de base vegetal
½ colher (chá) de páprica defumada
2 colheres (chá) de levedura nutricional
100 g de panko, ou farinha de rosca grossa
3½ colheres (sopa) de azeite

Para o creme de alho
1 dente de alho
100 g de Maionese vegana (p. 57)

1 Para fazer o Schnitzel, remova as duas pontas da berinjela. Corte-a no sentido do comprimento em fatias de 2 cm de espessura. Salgue ambos os lados das fatias, disponha-as em uma camada grossa de papel-toalha, coloque por cima uma tábua de corte para fazer peso e deixe por 10 minutos para remover todo o líquido do vegetal.

2 Enquanto isso, espalhe a farinha de trigo em um prato (reserve 1 colher de sopa) e tempere com sal e pimenta-do-reino. Adicione gradualmente a colher (sopa) reservada de farinha ao creme de aveia gelado. Tempere o creme com sal, 1 colher (chá) de pimenta-do-reino, a páprica e a levedura. Espalhe a panko em outro prato.

3 Seque as fatias de berinjela. Primeiro passe-as na farinha de trigo, depois no creme e finalmente na panko. Aqueça o azeite em uma frigideira em fogo médio e refogue o Schnitzel de berinjela em lotes, até dourar dos dois lados. Escorra em uma grade.

4 Para fazer o creme de alho, descasque e pique finamente o alho e misture-o à Maionese vegana. Embale-o separadamente na marmita. O Schnitzel fica gostoso tanto quente quanto frio. Sirva com pão chato crocante e/ou uma salada crocante com um molho saboroso (pp. 56-7).

Rende 1 porção grande ou 2 pequenas
Preparo: 30 minutos

BATATA-DOCE ASSADA
COM SALADA DE LENTILHA E AVOCADO AO MOLHO DE GRAPEFRUIT

Nessa receita indicada para os aventureiros, a batata-doce é assada e servida com salada de lentilha e avocado, e o prato todo é regado com um molho feito de cream cheese vegano, grapefruit e pimenta.

Para a batata-doce e a salada
2 batatas-doces pequenas
150 g de lentilha beluga [ou comum]
100 ml de caldo de legumes
1 avocado (de preferência da variedade Hass) [ou ½ abacate]
1 cebola roxa pequena
½ pimenta dedo-de-moça
1 colher (sopa) de vinagre de vinho branco
2 colheres (sopa) de azeite extravirgem
sal marinho
pimenta-do-reino moída na hora

Para o molho
100 g de cream cheese vegano
raspas finas e suco de ¼ de grapefruit
uma pitada de pimenta-de-caiena
uma pitada de pimenta-calabresa

1 Preaqueça o forno a 200°C. Lave e seque as batatas-doces, fure com um garfo, coloque em uma assadeira forrada com papel-manteiga e asse no centro do forno por 25 minutos.

2 Enquanto isso, cozinhe a lentilha no caldo de legumes de acordo com as instruções da embalagem, até ficar no ponto. Corte o avocado ao meio e descarte o caroço. Retire a polpa com uma colher e pique finamente. Descasque e pique finamente a cebola. Retire as sementes e corte bem a pimenta dedo-de-moça. Escorra a lentilha em uma peneira e misture em uma tigela com o avocado, a cebola e a pimenta dedo-de-moça. Junte o vinagre, o azeite, sal e pimenta-do-reino e despeje sobre a lentilha; mexa delicadamente.

3 Para o molho, misture o cream cheese com as raspas e o suco de grapefruit, a pimenta-de-caiena e a pimenta-calabresa e mexa até homogeneizar. Tempere com sal e pimenta-do-reino a gosto.

4 Embale as batatas-doces (embrulhadas em papel-alumínio), a salada e o molho separadamente na marmita. Ao servir, reaqueça as batatas-doces, se desejar, e corte-as ao meio no comprimento ou na largura. Cubra com a salada e sirva com o molho.

Rende 1 porção grande ou 2 pequenas
Preparo: 35 minutos
+ 30 minutos de infusão

MINIPIMENTÃO GRELHADO
COM SALADA ARCO-ÍRIS DE TRIGUILHO

Os pequenos pimentões chamados de *pimientos de Padrón* têm origem na região espanhola da Galícia. Ficam uma delícia assados, não só com essa colorida salada de triguilho, mas também puros. Esse belo prato é incrementado por um molho à moda do Oriente Médio.

Para os pimentões
300 g de pimiento de Padrón [ou pimentão verde pequeno]
2 colheres [sopa] de azeite
sal marinho
pimenta-do-reino moída na hora
ramo de alecrim [opcional]

Para o triguilho
1 cebola pequena
1 colher [sopa] de óleo
80 g de triguilho
250 ml de caldo de legumes
½ maço de cebolinha
1 pimentão amarelo grande
3 tomates-cereja
5 tâmaras sem caroço
3-4 ramos de salsa

Para o molho
raspas finas e suco de ½ limão-siciliano pequeno
1½ colher [sopa] de óleo de argan comestível [ou azeite de oliva]
1 colher [chá] de vinagre balsâmico light
1 colher [chá] de purê de tomate
½ colher [chá] de harissa
½ colher [chá] de ras el hanout
1 colher [chá] de xarope de agave

1 Preaqueça o forno a 200°C. Lave os pimentões Padrón, seque com papel-toalha e disponha em uma única camada em um refratário. Regue com azeite e tempere com sal e pimenta-do-reino. Pique o alecrim [se for usar] e distribua sobre os pimentões. Asse no centro do forno por 20 minutos.

2 Enquanto isso, descasque e pique finamente a cebola para a salada de triguilho. Aqueça o óleo em uma panela e refogue a cebola e o triguilho em fogo médio. Despeje o caldo de legumes, mexa bem e, para o triguilho inchar, tampe e cozinhe em fogo baixo por cerca de 10 minutos. Retire do fogo e deixe esfriar.

3 Apare e fatie finamente a cebolinha. Corte o pimentão amarelo em quartos, remova as sementes e pique em pedaços médios. Corte os tomates ao meio. Pique finamente as tâmaras e a salsa.

4 Para fazer o molho, misture todos os ingredientes em uma tigela pequena. Misture o triguilho com a cebolinha, o pimentão amarelo, os tomates, as tâmaras, a salsa e o molho. Para servir, disponha os pimentões Padrón em cima ou ao lado do triguilho. Esse prato é ideal para ser preparado de véspera, já que os sabores ficam mais apurados quando se deixa a salada marinando no molho.

Rende 1 porção grande ou 2 pequenas
Preparo: 35 minutos

BOLINHO DE QUINOA
COM MOLHO DE HORTELÃ

Além de seu belo visual, essas esferas douradas têm ainda muitas proteínas saudáveis. O refrescante molho de hortelã e iogurte, com aroma delicado de limão-siciliano, adiciona o toque final a esse prato delicioso que pode ser degustado quente ou frio.

Para os bolinhos de quinoa
- 150 g de quinoa
- 225 ml de caldo de legumes
- 1 cebola pequena
- 1 pimentão vermelho pequeno
- ½ maço de cebolinha
- 1 colher (sopa) de azeite, mais um pouco para fritar
- 125 g de farinha de rosca integral
- 2 colheres (chá) de farinha sem glúten, ou outro tipo de farinha
- ½ colher (chá) de sal com ervas, ou sal marinho com ½ colher (chá) de ervas mistas
- uma pitada de pimenta-do-reino Tellicherry indiana (em lojas especializadas), ou comum
- ½ colher (chá) de curry em pó
- uma pitada de açúcar

Para o molho
- 3 ramos de hortelã
- 1 dente de alho (opcional)
- raspas finas e suco de ½ limão-siciliano pequeno
- 200 g de iogurte de soja, ou outro de base vegetal
- sal marinho
- pimenta-do-reino branca moída na hora

1 Enxágue a quinoa em uma peneira até que a água corra limpa. Ferva no caldo de legumes e cozinhe em fogo médio até a quinoa absorver o caldo. Enquanto isso, descasque e pique finamente a cebola. Corte o pimentão em quartos, remova as sementes e pique em cubinhos. Apare e fatie a cebolinha em anéis finos. Aqueça 1 colher (sopa) de azeite em uma frigideira e refogue a cebola, o pimentão e a cebolinha em fogo médio até a cebola ficar transparente. Deixe esfriar ligeiramente.

2 Para o molho, apanhe as folhas dos ramos de hortelã e pique finamente. Descasque e pique bem o alho (se for usar). Misture a hortelã, o alho, as raspas e o suco de limão e o iogurte até homogeneizar. Tempere com sal e pimenta-do-reino branca.

3 Misture a quinoa, o refogado de legumes, a farinha de rosca, a farinha sem glúten e o sal com ervas. Adicione a pimenta-do-reino Tellicherry, o curry e o açúcar e mexa bem. Com as mãos, modele a massa em bolinhos (ver dica abaixo). Aqueça um pouco de azeite e frite-os em fogo médio até dourarem por inteiro. Retire da frigideira e escorra em papel-toalha. Embale os bolinhos e o molho separadamente na marmita. Sirva quente ou frio, com pães naan ou salada, se desejar.

DICA A maneira mais fácil de modelar esses bolinhos é molhando um pouco as mãos. Tente fazê-los bem redondinhos, do tamanho de uma bola de tênis de mesa.

Rende 4 porções
Preparo: 20 minutos
+ 30 minutos de cozimento

POLENTA RECHEADA
COM MOJO VERDE

1 Para fazer o recheio, coloque a proteína de soja em uma tigela, cubra com o caldo de legumes e deixe de molho por 5 minutos. Escorra em uma peneira e espere esfriar ligeiramente. Com as mãos, esprema o máximo de líquido possível.

2 Em uma tigela pequena, misture a manjerona, o tomilho, os dois tipos de páprica, a salsa, o orégano, a noz-moscada, a cebola em pó e sal. Adicione 4 colheres (sopa) de azeite e mexa para criar uma pasta. Junte essa pasta à proteína de soja e misture com as mãos. Reserve.

3 Para fazer a polenta, leve o caldo de legumes e o leite de soja à fervura em uma panela grande. Adicione o fubá, mexendo o tempo todo até uniformizar a mistura. Incorpore a margarina. Desligue o fogo, tampe e deixe a polenta inchar por 10 minutos.

4 Enquanto isso, preaqueça o forno a 180°C. Para finalizar o recheio, aqueça 2 colheres (sopa) a mais de azeite em uma frigideira e refogue a proteína de soja em fogo alto. Reserve e deixe esfriar. Corte a abobrinha ao meio e em fatias. Corte o pimentão ao meio, remova as sementes e pique em cubos.

5 Tempere generosamente a polenta, divida-a entre quatro quadrados de papel-alumínio de 40 cm e espalhe-a um pouco. Cubra cada pedaço com um quarto dos legumes, dos tomates e da proteína de soja. Regue com as 2 colheres (sopa) restantes de azeite. Feche cada embrulho de papel-alumínio, formando um envelope ou um rolinho, de modo que a polenta envolva todo o recheio e não escape ar nenhum. Coloque os embrulhos em uma assadeira e asse no centro do forno por cerca de 30 minutos.

6 Enquanto isso, faça o mojo. Pique a salsa grosseiramente. Bata-a no processador de alimentos com o cominho, o azeite extravirgem, o suco de limão e um pouco de sal até obter uma consistência macia. Embale os pacotes de polenta e o mojo separadamente na marmita.

Para o recheio
75 g de proteína de soja (em lojas de produtos naturais)
250 ml de caldo quente de legumes
1 colher (chá) de manjerona seca
1 colher (chá) de tomilho seco
½ colher (chá) de páprica picante
½ colher (chá) de páprica doce
uma pitada de salsa desidratada
uma pitada de orégano seco
uma pitada de noz-moscada moída na hora
1 colher (chá) de cebola em pó
sal marinho
8 colheres (sopa) de azeite
1 abobrinha pequena
1 pimentão vermelho
12 tomates-cereja

Para a polenta
200 ml de caldo de legumes
200 ml de leite de soja, ou outro de base vegetal
200 g de fubá
1 colher (sopa) de margarina vegana
pimenta-do-reino moída na hora

Para o mojo
1 maço pequeno de salsa
1 colher (chá) de cominho em pó
150 ml de azeite extravirgem
um pouco de suco de limão-siciliano

Rende 1 porção grande ou 2 pequenas
Preparo: 20 minutos
+ 15 minutos de cozimento

"RISOTO" DE BATATA

Às vezes é bom fazer as coisas de maneira um pouco diferente – esse risoto tem batatas em vez de arroz como base. As azeitonas, as alcaparras e os tomates secos proporcionam um momento gastronômico no Mediterrâneo – para você planejar as férias de verão enquanto degusta seu almoço!

400 g de batata-bolinha
1 pimentão vermelho pequeno
1 echalota [ou ½ cebola roxa]
1 dente de alho pequeno
2 colheres (sopa) de azeite
3 colheres (sopa) de margarina vegana
25 g de alcaparra escorrida
40 g de azeitona preta sem caroço
50 g de tomate seco em óleo
2 colheres (sopa) de vinho branco
1 colher (chá) de vinagre balsâmico
400 ml de caldo de legumes
sal marinho
pimenta-do-reino moída na hora
uma pitada de manjericão seco
uma pitada de alecrim seco
uma pitada de tomilho seco
uma pitada de açúcar
2 colheres (sopa) de cebolinha-francesa picada

1 Descasque as batatas e corte-as em cubinhos. Corte o pimentão em quartos, retire as sementes e pique em cubinhos. Descasque e pique finamente a echalota e o alho.

2 Aqueça o azeite e a margarina em uma panela e refogue as batatas, o pimentão, a echalota e o alho em fogo médio. Pique finamente as alcaparras, as azeitonas e os tomates secos, adicione-os à panela e refogue ligeiramente. Despeje o vinho branco e o vinagre, raspando a base da panela, então junte o caldo de legumes e cozinhe, mexendo, por 15 minutos.

3 Tempere com sal, pimenta-do-reino, as ervas e o açúcar. Incorpore a cebolinha-francesa e guarde na marmita.

Rende 1 porção grande ou 2 pequenas
Preparo: 40 minutos

FRITADA DE MILHO
COM CHUTNEY DE MANGA

O doce encontra o picante nessa fritada de milho crocante acompanhada de refrescante chutney de manga. Toques delicados de pimenta e gengibre trazem um condimentado extra ao delicioso recheio.

Para as fritadas
1 abobrinha
sal marinho
100 g de milho em lata
40 g de amido de milho
75 g de farinha de grão-de-bico (em lojas de produtos naturais)
½ colher (chá) de bicarbonato de sódio
3½ colheres (sopa) de caldo de legumes
1 colher (sopa) de purê de tomate
2 colheres (sopa) de cebolinha picada
pimenta-do-reino moída na hora
azeite

Para o chutney
½ manga
1 cebola roxa
2,5 cm de gengibre fresco
1 colher (sopa) de azeite
2 colheres (sopa) de vinagre de vinho branco
2 colheres (sopa) de açúcar demerara
1 colher (chá) de curry em pó suave
2 colheres (sopa) de suco de limão-siciliano
uma pitada de pimenta em pó, ou a gosto

1 Para fazer as fritadas, rale finamente a abobrinha em uma tigela com ½ colher (chá) de sal. Deixe escorrer em uma peneira. Do mesmo modo, escorra o milho, coloque em uma tigela e amasse grosseiramente alguns dos grãos com um garfo.

2 Com um batedor, misture o amido de milho, a farinha de grão-de-bico e o bicarbonato de sódio. Adicione o caldo de legumes, o purê de tomate e a cebolinha. Esprema todo o líquido possível da abobrinha antes de incorporá-la à mistura junto com o milho. Mexa bem até criar uma massa. Tempere com sal e pimenta-do-reino e divida em seis porções. Modele cada uma delas em um bolinho achatado. Aqueça o azeite em uma frigideira e frite em lotes, em fogo médio, até as fritadas dourarem de ambos os lados. Escorra em papel-toalha.

3 Para fazer o chutney, descasque a manga, retire o caroço e pique finamente a polpa. Descasque e pique finamente a cebola e o gengibre. Aqueça o azeite em uma panela pequena e refogue a cebola em fogo médio, então adicione o gengibre e deixe mais um pouco. Junte a manga, o vinagre, o açúcar, o curry, o suco de limão, a pimenta em pó e 2 colheres (sopa) de água e cozinhe em fogo baixo por cerca de 5 minutos, mexendo sempre até a mistura ficar um pouco pastosa, mas ainda com pedaços de fruta. Transfira para um frasco com tampa de rosca limpo e morno, feche bem e deixe esfriar. Embale as fritadas e o chutney separadamente na marmita. Sirva quente ou frio.

DICA O chutney também fica uma delícia com folhas de hortelã picadas.

Rende 1 porção grande ou 2 pequenas
Preparo: 25 minutos
+ 20 minutos de cozimento

FRITADA DE ESPAGUETE

Esses pequenos ninhos de macarrão foram criados especialmente para sua marmita. Eles trazem todas as melhores qualidades de um delicioso e cremoso prato de massa. E a maior vantagem? São assados até ficarem crocantes, de modo que você pode comê-los com as mãos.

Para as fritadas
150 g de espaguete integral
sal marinho
30 g de tofu defumado
1 cebola pequena
30 g de azeitona verde sem caroço
1 colher (sopa) de azeite
100 g de creme de soja, ou outro de base vegetal
60 g de queijo muçarela vegano, ralado
uma pitada de sal com ervas, ou sal marinho com uma pitada de ervas mistas
pimenta-do-reino moída na hora
uma pitada de orégano seco
margarina vegana, para untar
4 folhas de manjericão, para decorar

1 Cozinhe o espaguete em água com uma pitada de sal de acordo com as instruções da embalagem até ficar *al dente*. Enquanto isso, corte o tofu em cubinhos. Descasque e pique finamente a cebola e as azeitonas.

2 Aqueça o azeite em uma panela grande e alta e refogue o tofu em fogo alto. Adicione a cebola e a azeitona e refogue ligeiramente. Despeje o creme de soja e 30 g do queijo. Tempere com o sal com ervas, pimenta-do-reino e o orégano e cozinhe em fogo baixo até o queijo derreter.

3 Preaqueça o forno a 220°C. Unte quatro forminhas de muffin com margarina. Escorra o espaguete em uma peneira e misture com o creme de queijo. Distribua a massa nas forminhas – a melhor maneira de fazer isso é com um garfo grande para enrolar o espaguete.

4 Espalhe o queijo restante sobre o espaguete e asse no centro do forno por 20 minutos. Retire do forno e deixe esfriar ligeiramente antes de desenformar. Embale as fritadas e sirva quente ou frio com folhas de manjericão.

Rende 1 porção grande ou 2 pequenas
Preparo: 25 minutos

ESPAGUETE POMODORI E OLIO

Azeite de ótima qualidade, pinholes delicados, um toque de limão-siciliano e tomates suculentos fazem desse prato um clássico irresistível. Comida italiana autêntica em sua marmita – *buon gusto*!

150 g de espaguete integral
sal marinho
2 tomates
1 dente de alho
½ maço pequeno de salsa
1 colher (sopa) de azeite extravirgem
1 colher (chá) de caldo de legumes em pó
pimenta-do-reino moída na hora
um pouco de suco de limão-siciliano
½ colher (chá) de xarope de agave
20 g de pinhole

1 Cozinhe o espaguete em água com sal de acordo com as instruções da embalagem até ficar *al dente*. Enquanto isso, corte os tomates ao meio, remova o talo e as sementes e pique a polpa finamente. Descasque e pique finamente o alho e a salsa. Misture o azeite com 1 colher (sopa) de água e o caldo de legumes. Incorpore aos tomates, ao alho e à salsa e adicione sal, pimenta-do-reino, suco de limão e o xarope de agave.

2 Em uma frigideira, toste o pinhole a seco até dourar e pique-o grosseiramente. Escorra o espaguete em uma peneira, recoloque na panela e leve a fogo médio. Junte a mistura de tomate e aqueça tudo por cerca de 1 minuto, mexendo sempre. Transfira para sua marmita e polvilhe com o pinhole.

Rende 1 porção
Preparo: 25 minutos

MACARRÃO-GUIOZA

Tão simples, tão gostoso: talharim de arroz, pak choi e os aromáticos gengibre, pasta de curry e óleo de gergelim se misturam nesse prato asiático. Depois os brócolis se juntam ao conjunto para garantir uma boa textura crocante – e um toque verde saudável.

Para o molho
5 colheres (sopa) de molho de soja
1 colher (sopa) de vinagre de arroz
1 colher (sopa) de pasta de curry vermelha
½ colher (chá) de óleo de gergelim
uma pitada de pimenta em pó
2 colheres (sopa) de cebolinha picada finamente

Para o macarrão
½ pak choi pequena, cerca de 80 g
1 colher (sopa) de óleo de coco
80 g de brócolis em floretes
sal marinho
pimenta-do-reino moída na hora
80 g de talharim de arroz (em lojas de produtos asiáticos)
½ colher (chá) de gengibre fresco ralado finamente

1 Para fazer o molho, adicione todos os ingredientes em um frasco com tampa de rosca, feche bem e agite vigorosamente até homogeneizar. Reserve.

2 Pique finamente a pak choi. Aqueça o azeite em uma panela e refogue os brócolis somente até cozinharem. Tempere com sal e pimenta-do-reino e reserve.

3 Cozinhe o macarrão em água com uma pitada de sal de acordo com as instruções da embalagem. Adicione a pak choi pouco antes do fim do cozimento. Escorra o macarrão e a pak choi em uma peneira, mergulhe em água gelada, escorra novamente e recoloque na panela. Adicione o molho e reaqueça tudo. Incorpore os brócolis e o gengibre e transfira para sua marmita.

DICA

O guioza é um bolinho recheado feito com massa de farinha de arroz. Em nossa versão, simplesmente misturamos o recheio que seria do guioza com talharim de arroz. É mais rápido, mais fácil e tão saboroso quanto.

Rende 1 porção
Preparo: 35 minutos

ARROZ FRITO
COM ABACAXI E CASTANHA-DE-CAJU

Abacaxi suculento, milho e castanha-de-caju tostada dão ao delicado arroz de jasmim tudo o que ele precisa para proporcionar uma experiência culinária realmente memorável.

1 Cozinhe o arroz em água com uma pitada de sal de acordo com as instruções da embalagem, escorra em uma peneira e deixe esfriar. Em uma frigideira pequena, toste a seco a castanha-de-caju até dourar; retire do fogo e reserve. Corte as fatias de abacaxi em pedaços médios. Derreta a margarina em uma panela em fogo médio, refogue o abacaxi e reserve.

2 Corte o pimentão ao meio, remova as sementes e pique em pedaços pequenos. Descasque a cenoura e fatie finamente usando um descascador de legumes. Escorra o milho em uma peneira. Aqueça 2 colheres (sopa) de azeite em um wok ou em uma frigideira. Refogue o pimentão e a cenoura em fogo alto, diminua o fogo para médio e cozinhe até dourarem e ficarem *al dente*. Se a cenoura dourar demais antes de estar cozida, adicione um pouco de água (qualquer líquido acrescentado deve evaporar completamente). Tempere os legumes com sal, pimenta-do-reino e a páprica.

3 Adicione as 2 colheres (sopa) restantes de azeite e aumente o fogo. Misture o arroz e refogue brevemente em fogo alto até ficar crocante, então continue a cozinhar em fogo médio. Se a mistura secar demais, acrescente mais azeite. Junte o milho, o abacaxi e a castanha-de-caju e aqueça tudo. Transfira o arroz para sua marmita. Lave e fatie as cebolinhas e distribua sobre o arroz. Polvilhe com páprica.

- 100 g de arroz de jasmim
- sal marinho
- 60 g de castanha-de-caju
- 2 fatias de abacaxi em lata ou cozido
- 2 colheres (sopa) de margarina vegana
- 1 pimentão vermelho pequeno
- 1 cenoura
- 80 g de milho em lata
- 4 colheres (sopa) de azeite, mais um pouco, se preciso
- uma boa pitada de pimenta-do-reino branca moída na hora
- 1½ colher (chá) de páprica picante, mais um pouco para polvilhar
- 2 cebolinhas

DICA

A receita também fica boa com brócolis e amêndoas em lascas – para servir quente ou frio, ou como sobras no dia seguinte.

Rende 2 porções grandes
Preparo: 45 minutos

ARROZ ÁRABE

A inspiração aqui é o kabsa, prato de arroz árabe geralmente servido com carne – substituída nessa receita pelo seitan, que se revela o companheiro perfeito para o arroz, as especiarias do Oriente Médio e as amêndoas em lascas.

250 g de arroz de grão longo
1 cenoura
½ pimentão vermelho
1 echalota [ou ½ cebola roxa]
1 dente de alho
150 g de seitan (carne de glúten)
1½ colher (sopa) de azeite
1 colher (chá) de purê de tomate
raspas finas e suco de ½ laranja
500 ml de caldo de legumes, mais um pouco, se preciso
50 g de amêndoa em lascas
½ colher (chá) de pul biber (pimenta de Aleppo, ou turca)
uma pitada de pistilos de açafrão
uma pitada de canela em pó
uma pitada de cominho em pó
uma pitada de cardamomo em pó
sal marinho
pimenta-do-reino moída na hora
noz-moscada moída na hora
um punhado de uva-passa (opcional)

1 Coloque o arroz em uma peneira e enxágue até a água correr limpa. Deixe escorrer e reserve. Descasque e pique finamente a cenoura. Corte o pimentão em quartos, remova as sementes e pique finamente. Descasque e pique a echalota e o alho.

2 Corte o seitan em pedaços médios. Aqueça o azeite em uma panela e refogue o seitan por inteiro em fogo alto. Junte o purê de tomate, a cenoura, o pimentão, a echalota, o alho e as raspas e o suco de laranja. Adicione o arroz e caldo de legumes suficiente para cobri-lo bem. Cozinhe em fogo médio por cerca de 20 minutos até estar no ponto, mexendo de vez em quando e acrescentando mais caldo, se necessário.

3 Enquanto isso, em uma frigideira, toste a seco a amêndoa em lascas. Tempere o arroz com pul biber, açafrão, canela, cominho e cardamomo e adicione uma pitada de sal, pimenta-do-reino e noz-moscada. Junte as uvas-passas (se for usar). Guarde em duas marmitas e polvilhe com as amêndoas. Se possível sirva quente, mas o prato também fica gostoso em temperatura ambiente ou mesmo frio.

COMIDA GREGA

Vale a pena provar todas essas receitas gregas juntas, elas formam um conjunto harmonioso: gyros feito com proteína de soja e servido com tzatziki, como manda a tradição; deliciosas folhas de uva recheadas com arroz e um toque refrescante de limão; e uma pequena mezze de vagem com alho e todas as especiarias indispensáveis, para acompanhar.

Rende 1 porção grande
Preparo: 25 minutos
+ 12 horas de infusão
+ 30 minutos de escorrimento

Para o gyros
300 ml de caldo quente de legumes
75 g de proteína de soja (em lojas de produtos naturais)
4 colheres (sopa) de azeite, mais um pouco para fritar
1 colher (sopa) generosa de tempero para gyros (ou tempero para churrasco)

Para o tzatziki
½ pepino
1 colher (chá) de sal marinho
1 dente de alho pequeno
90 g de iogurte de soja, ou outro de base vegetal
1 colher (sopa) de azeite extravirgem
1 colher (sopa) de suco de limão-siciliano
½ colher (sopa) de endro seco
pimenta-do-reino moída na hora

GYROS DE SOJA COM TZATZIKI

1 Para fazer o gyros, despeje o caldo de legumes sobre a proteína de soja em uma tigela e deixe de molho por 10 minutos. Escorra em uma peneira e espere esfriar. Esprema bem os pedaços de proteína e misture em uma tigela com 4 colheres (sopa) de azeite e o tempero para gyros. Mantenha em infusão em um saco para congelar alimentos ou em um recipiente hermético na geladeira por 12 horas.

2 Aqueça uma quantidade generosa de óleo em uma frigideira e frite a proteína de soja, inicialmente em fogo alto, depois em fogo baixo até dourar por inteiro. Reserve.

3 Para fazer o tzatziki, corte o pepino ao meio no sentido do comprimento, remova as sementes e rale finamente. Misture com o sal, deixe escorrer em uma peneira por 30 minutos e então esprema bem. Descasque e amasse o alho. Combine em uma tigela o pepino ralado, o alho, o iogurte, o azeite, o suco de limão e o endro. Tempere a gosto com pimenta-do-reino. Embale o gyros e o tzatziki separadamente na marmita. Reaqueça ligeiramente o gyros antes de servir.

DICA Se quiser, substitua o endro do tzatziki por folhas de hortelã picadinhas.

CHARUTINHO DE FOLHA DE UVA COM ARROZ AO LIMÃO

Rende 12 unidades
Preparo: 35 minutos
+ 25 minutos de cozimento

- 20 g de pinhole
- 1 cebola pequena
- 8 colheres (sopa) de azeite
- 100 g de arroz para risoto
- 300 ml de caldo de legumes
- raspas finas e suco de 1 limão-siciliano, mais algumas fatias para servir
- 12 folhas de uva em conserva
- 1 colher (chá) de sal marinho

1 Em uma frigideira, toste o pinhole a seco até dourar, então pique finamente e reserve. Descasque e pique finamente a cebola. Aqueça 4 colheres (sopa) de azeite em uma panela e refogue a cebola em fogo médio. Adicione o arroz e frite brevemente, então despeje metade do caldo de legumes e cozinhe em fogo baixo por cerca de 18 minutos, mexendo com frequência, e gradualmente adicionando o restante do caldo de legumes nesse tempo. Próximo ao fim do cozimento, acrescente as raspas e o suco de limão e o pinhole.

2 Lave as folhas de uva em água fria corrente e remova os talos. Disponha-as na superfície de trabalho com o lado áspero para cima. Coloque 1 colher (sopa) cheia de arroz em cada e dobre as laterais sobre o recheio. Enrole as folhas com firmeza, a partir da base. Ajeite os charutinhos em uma panela pequena. Regue com as 4 colheres (sopa) restantes de azeite, tempere com sal e cubra com água. Sobreponha com um prato pequeno para fazer peso, tampe, leve à fervura e cozinhe em fogo baixo por 25 minutos. Remova com cuidado da panela e deixe esfriar. Sirva com fatias de limão.

DICA

Você talvez queira preparar uma quantidade maior de charutinhos nessa receita – cobertos por azeite, eles duram vários dias.

MEZZE DE VAGEM

Rende 1 porção
Preparo: 20 minutos
+ tempo de infusão

- 250 g de vagem
- 1½ colher (chá) de sal marinho
- 1 folha de louro
- 2 colheres (sopa) de azeite
- 1 colher (sopa) de vinagre balsâmico
- 2 dentes de alho
- pimenta-do-reino moída na hora

1 Corte as pontas das vagens e descarte. Cubra com água em uma panela e adicione o sal e a folha de louro. Cozinhe em fogo médio por 5-8 minutos, até ficar *al dente*. Escorra em uma peneira, branqueie em água gelada e deixe escorrer novamente.

2 Aqueça o azeite em uma panela e refogue as vagens em fogo alto; continue a cozinhar em fogo médio até dourarem. Desligue o fogo. Adicione o vinagre. Descasque e amasse o alho sobre as vagens. Misture tudo e deixe um pouco em infusão. Enfim, tempere a gosto com sal e pimenta-do-reino. Fica ótimo com pão fresco crocante.

DICA

A palavra árabe *mezze* significa algo como "refeição pequena". Aqui ela consiste em vagens que ganham sabor intenso ao serem refogadas com alho, vinagre balsâmico e sal.

Rende 2 unidades
Preparo: 25 minutos

PANQUECA INDIANA DE LEGUMES

Essas panquecas irresistíveis são feitas com semolina e legumes. Servidas com suculento chutney de manga, compõem uma deliciosa refeição para um almoço à moda indiana.

- 1 cebola pequena
- 1 pimentão vermelho pequeno
- 2 ramos de coentro
- 80 g de semolina
- 150 ml de caldo gelado de legumes
- ½ colher (chá) de sal marinho
- ½ colher (chá) de curry em pó
- uma pitada de pimenta em pó
- uma pitada de cardamomo em pó
- 2 colheres (sopa) de óleo de canola
- 1 colher (sopa) de relish de pepino
- 500 g de Chutney de manga (p. 139, ou comprado pronto)

1 Descasque e pique finamente a cebola. Corte o pimentão em quartos, remova as sementes e pique em cubinhos. Pique bem o coentro. Em uma tigela, misture a semolina, o caldo de legumes, o sal, o curry, a pimenta em pó e o cardamomo. Adicione a cebola, o pimentão e o coentro e mexa até incorporar tudo.

2 Aqueça 1 colher (sopa) de óleo em uma frigideira. Adicione metade da massa e espalhe-a com cuidado. Frite a panqueca em fogo médio por 2-3 minutos, até dourar ligeiramente. Vire-a e frite por mais 2-3 minutos. Adicione o óleo restante à frigideira e use a massa para uma segunda panqueca. Combine o relish de pepino com o chutney de manga para fazer o molho. Embale as panquecas e o molho separadamente na marmita. Na hora de servir, espalhe o molho sobre a panqueca, que pode estar quente ou fria.

DICA

Prove outro clássico indiano: panquecas de lentilha vermelha. Para a massa, misture 150 g de farinha de lentilha vermelha com 170 ml de água e tempere com 1 colher (chá) de garam masala, ½ colher (chá) de curry em pó e ½ colher (chá) de sal marinho. Deixe em infusão por 15 minutos. Aqueça 2½ colheres (sopa) de óleo de canola em uma frigideira e frite panquecas pequenas em lotes, em fogo médio, até dourarem. Também ficam uma delícia com chutney de manga.

Rende 1 quiche de 28 cm / 8 fatias
Preparo: 15 minutos
+ 1 hora de refrigeração
+ 30 minutos de cozimento

QUICHE DE ASPARGO

A quiche é um prato muito versátil. Aqui ela vem com uma massa de preparo rápido, e tudo o que você precisa fazer é recheá-la. A receita combina aspargos verdes e brancos com saboroso tofu macio e creme de soja para criar em um instante um almoço luxuoso.

1 Para fazer a massa, coloque a farinha e o sal em uma tigela e corte a margarina. Misture ligeiramente com os dedos até obter a consistência de farofa. Polvilhe com o açúcar e 8 colheres (sopa) de água e mexa com uma faca até a massa formar uma bola e se desprender da tigela. Modele em um disco, embrulhe em filme de PVC e leve à geladeira por 1 hora.

2 Para o recheio, apare os talos lenhosos dos dois tipos de aspargo. Descasque o terço mais inferior dos aspargos verdes. Corte a pimenta dedo-de-moça no sentido do comprimento, remova as sementes e fatie em tiras finas. Preaqueça o forno a 180°C. Unte uma fôrma redonda desmontável de 28 cm.

3 Abra a massa em uma superfície de trabalho enfarinhada até que esteja grande o suficiente para forrar a fôrma. Enrole-a com cuidado em um rolo de macarrão e transfira para a fôrma, empurrando delicadamente nas bordas para criar um leito. Misture o tofu, o creme de soja, o amido de milho, o azeite, o orégano e o manjericão em uma tigela até obter uma consistência macia, depois tempere com sal e pimenta-do-reino. Espalhe o creme sobre a massa e distribua por cima os aspargos de diferentes cores e as tiras de pimenta dedo-de--moça em um padrão alternado.

4 Asse a quiche no centro do forno por 25-30 minutos, até dourar. Deixe esfriar ligeiramente na fôrma sobre uma grade. Para servir ou embalar na marmita, desenforme a quiche e corte em fatias.

Para a massa
325 g de farinha de trigo, mais um pouco para polvilhar
1 colher (chá) de sal marinho
150 g de margarina vegana, mais um pouco para untar
uma pitada de açúcar

Para o recheio
6 aspargos brancos
6 aspargos verdes
1 pimenta dedo-de-moça grande ou 2 pequenas
300 g de tofu macio
100 g de creme de soja, ou outro de base vegetal
1 colher (chá) generosa de amido de milho
1 colher (sopa) de azeite
1 colher (chá) de orégano seco
1 colher (chá) de manjericão seco
pimenta-do-reino moída na hora

Equipamento especial
fôrma redonda desmontável de 28 cm

Rende 2 pizzas pequenas
Preparo: 10 minutos
+ 20 minutos de crescimento
+ 20 minutos de cozimento

PIZZA DE CHIA E AMÊNDOA

A chia, essa pequena semente superpoderosa presente na receita, garante um almoço gostoso e nutritivo. Em vez de queijo, foi usado creme de amêndoa com levedura nutricional, formando um creme de bela apresentação e muito saudável. Essa pizza sem glúten, com amêndoas, vai render elogios e superar todas as suas expectativas.

Para a massa
2 colheres (sopa) de chia moída (em lojas de produtos naturais)
200 g de farinha de amêndoa
½ colher (chá) de sal marinho
farinha sem glúten, para polvilhar

Para a cobertura
100 g de polpa de tomate
2 colheres (sopa) de purê de tomate
½ colher (chá) de azeite
sal marinho
pimenta-do-reino branca moída na hora
½ colher (chá) de tempero para pizza (ver dica abaixo)
1 cebola pequena
½ abobrinha pequena
1 pimentão vermelho pequeno
1½ colher (sopa) de creme de amêndoa
1½ colher (chá) de levedura nutricional
50 g de rúcula

1 Para fazer a massa, misture a chia com 4 colheres (sopa) de água e deixe de molho por 20 minutos. Misture a farinha de amêndoa e o sal e sove com a chia para criar uma massa macia. Preaqueça o forno a 200°C. Forre uma assadeira com papel-manteiga.

2 Divida a massa na metade e abra cada porção com um rolo de macarrão em uma superfície de trabalho enfarinhada. Disponha os discos de massa na assadeira forrada e asse no centro do forno por 12-15 minutos, até dourarem.

3 Enquanto isso, faça o molho: misture a polpa de tomate, o purê de tomate e o azeite e tempere com sal, pimenta-do-reino e tempero para pizza. Descasque a cebola e fatie-a finamente, assim como a abobrinha. Corte o pimentão em quartos, remova as sementes e pique em tiras finas. Misture o creme de amêndoa, a levedura e 3 colheres (sopa) de água até homogeneizar.

4 Espalhe o molho de tomate sobre a base de pizza e cubra com os legumes. Coloque colheradas de creme de amêndoa e asse as pizzas por 5-7 minutos, até ficarem no ponto. Deixe esfriar antes de embalar separadamente da rúcula. De preferência, reaqueça a pizza antes de servir e decore com a rúcula.

DICA Faça seu tempero para pizza em um instante usando 1 colher (sopa) de cada um dos ingredientes a seguir: alecrim, orégano, manjericão e tomilho secos e levedura nutricional.

Rende 1 porção grande
Preparo: 55 minutos
+ 30 minutos de crescimento

TORRADA DE SEMOLINA
COM PURÊ DE MAÇÃ E PERA

Para o purê
2 maçãs pequenas
1 pera grande
10-20 g de açúcar mascavo claro
1 colher (chá) de canela em pó
1 colher (sopa) de uva-passa ou passas ao rum (ver dica abaixo), para polvilhar (opcional)

Para a torrada de semolina
250 ml de leite de soja, ou outro de base vegetal
uma pitada de sal marinho
150 g de semolina integral
90 g de margarina vegana
2-3 colheres (sopa) de açúcar mascavo claro

Equipamento especial
fôrma redonda desmontável de 20 cm

1 Descasque as maçãs e a pera, corte-as em quartos, remova o núcleo e pique finamente. Coloque em uma panela com 1-2 colheres (sopa) de água e leve à fervura em fogo alto; então, tampe e cozinhe em fogo médio até as frutas começarem a se desintegrar. Amasse de leve com um garfo ou um espremedor de batata, adicione açúcar a gosto e a canela e deixe cozinhar por mais 5 minutos. Reserve.

2 Para fazer as torradas de semolina, ferva em uma panela o leite de soja com o sal em fogo alto. Acrescente aos poucos a semolina, mexendo sempre com um batedor. Cozinhe ligeiramente e então transfira para uma fôrma de bolo inglês e deixe descansar por cerca de 30 minutos, até esfriar.

3 Em uma panela, derreta 1 colher (sopa) da margarina em fogo médio. Corte o bloco de semolina em fatias e adicione-as à panela com colheradas da margarina restante por cima. Frite as fatias até dourarem e ficarem crocantes por baixo; isso pode levar até 15 minutos. Vire as fatias e frite até ficarem crocantes do outro lado. Polvilhe com açúcar. Se desejar, distribua uvas-passas ou passas ao rum sobre o purê de frutas e embale-o separadamente das torradas de semolina. Esse prato também pode ser servido frio.

DICA

Em vez das torradas, você pode fazer bolinhos de semolina. Nesse caso, não transfira a semolina para uma fôrma de bolo, apenas retire-a do fogo e deixe esfriar por 30 minutos. Frite a mistura na margarina e use um garfo ou uma colher para modelá-la em bolinhos. Aliás, o purê de maçã e pera fica especialmente gostoso com passas ao rum. Para prepará-las, cubra 1 colher (sopa) de uva-passa com rum e deixe de molho em um recipiente hermético por 2-3 dias.

UM TOQUE DOCE

guloseimas rápidas — sobremesas cremosas, bolos e confeitaria

Rende 2 porções
Preparo: 20 minutos
+ 12 horas de demolha

CREME DE MACADÂMIA

Aromáticas sementes de baunilha incrementam essa sobremesa sofisticada feita com a rainha das oleaginosas, a noz-macadâmia, que é reduzida a um purê cremoso com a suculenta abobrinha, suco de laranja e maple syrup. Servido com frutas vermelhas ricas em vitaminas e chocolate branco vegano, é um deleite visual e gustativo.

- 200 g de macadâmia
- 1 abobrinha pequena
- 3½ colheres (sopa) de suco de maçã (opcional)
- 25 g de goji berry (opcional)
- 2-3 colheres (sopa) de suco de laranja
- 4-5 colheres (sopa) de maple syrup
- sementes raspadas de ½ fava de baunilha
- uma pitada de sal
- 50 g de mirtilo
- 50 g de framboesa
- folhas de hortelã (opcional)
- 50 g de chocolate branco vegano

1 Coloque as macadâmias de molho em água fria por 12 horas. Descasque a abobrinha, corte ao meio no sentido do comprimento e remova as sementes. Pique grosseiramente em pedaços. Ferva o suco de maçã e adicione os goji berries (se for usar), depois retire do fogo e reserve.

2 Bata no processador de alimentos a macadâmia, a abobrinha, o suco de laranja, o maple syrup, as sementes de baunilha e o sal até obter uma consistência macia, cremosa. Escorra os goji berries em uma peneira e incorpore ao creme. Transfira para dois recipientes ou frascos com tampa.

3 Distribua os mirtilos, as framboesas e as folhas de hortelã (se for usar) sobre o creme e rale o chocolate branco por cima. Feche os recipientes e guarde na geladeira até o momento de consumo ou transporte.

DICA

Para um sabor mais forte de chocolate, adicione ao creme 50 g de cacau em pó.

Rende 1 porção
Preparo: 10 minutos + no mínimo 20 minutos de demolha

PUDIM DE CHIA E CASTANHA
COM PURÊ DE DAMASCO

A saudável chia é uma ótima maneira de transformar o creme de castanha-de-caju em um excelente pudim. O adocicado purê de damasco acrescenta um toque final frutado. Se você adicionar açaí em pó, terá um lanche realmente nutritivo.

1 Para fazer o pudim, bata todos os ingredientes, exceto a chia, no processador de alimentos até obter um creme. Adicione a chia e 250 ml de água e mexa bem. Transfira a mistura para um frasco com tampa de rosca ou outro recipiente hermético e leve à geladeira por no mínimo 20 minutos, para que a chia inche.

2 Enquanto isso, corte os damascos ao meio no sentido do comprimento e remova o caroço. Bata bem no processador de alimentos com o maple syrup. Incorpore o açaí em seguida (se for usar) ou use-o para polvilhar o purê depois, como decoração.

3 Sobreponha o pudim de castanha-de-caju e chia com o purê de damasco e decore com o açaí em pó (se for usar), caso tenha optado por não incorporá-lo ao purê no passo anterior. Feche os recipientes e mantenha na geladeira até o momento de consumo ou de transporte.

Para o pudim
1 colher (sopa) de cacau em pó
4 tâmaras sem caroço
1 colher (sopa) de creme de castanha-de-caju
1 colher (chá) de xarope de agave
raspas finas de 1 laranja pequena
3 colheres (sopa) de chia

Para o purê
150 g de damasco
1 colher (chá) de maple syrup
1 colher (chá) generosa de açaí em pó (opcional; em lojas de produtos naturais)

Rende 2 porções
Preparo: 30 minutos
+ 12 horas de refrigeração

500 ml de leite de arroz
1 colher (chá) de açúcar de baunilha, ou ½ colher (chá) de extrato de baunilha
uma pitada de sal marinho
125 g de arroz
farinha de rosca integral, para polvilhar a fôrma
50 g de açúcar
½ colher (chá) de canela em pó
30 g de margarina vegana
420 g de morango

Equipamento especial
fôrma de bolo de 20 cm

BOLO DE ARROZ CARAMELIZADO COM MORANGO

1 Para fazer o arroz, misture em uma panela o leite de arroz com o açúcar (ou o extrato) de baunilha e o sal e leve à fervura em fogo médio. Abaixe o fogo, adicione aos poucos o arroz, mexendo constantemente, e cozinhe por 10 minutos. Polvilhe uma fôrma de bolo de 20 cm com a farinha de rosca e transfira para ela o arroz, de modo que componha uma camada de 4 cm de espessura. Deixe esfriar, cubra com filme de PVC e leve à geladeira por no mínimo 12 horas.

2 Desenforme o arroz e corte em fatias. Em um prato, combine o açúcar e a canela e pressione ambos os lados das fatias de arroz sobre a mistura. Em uma frigideira, derreta a margarina em fogo médio e frite as fatias de arroz dos dois lados, até o açúcar caramelizar. Deixe esfriar ligeiramente e transfira para sua marmita. Embale o morango em separado.

Rende 2 porções
Preparo: 15 minutos

2 maçãs
suco de 1 limão-siciliano pequeno
150 g de creme de coco
sementes raspadas de ½ fava de baunilha
1 colher (sopa) de maple syrup
50 g de quinoa em flocos
60 g de arônia (fruta vermelha agridoce), ou mirtilo
1 colher (sopa) de crocante de avelã (ou castanha-de-caju bem picada)

SONHO DE MAÇÃ OUTONAL

1 Descasque e corte as maçãs em quartos, retire a parte central e rale grosseiramente em uma tigela. Regue com o suco de limão. Bata o creme de coco e incorpore às frutas com as sementes de baunilha e o maple syrup.

2 Faça camadas alternadas com o creme de maçã, a quinoa em flocos e a arônia em um frasco com tampa de rosca. Finalize com uma camada de creme de maçã e polvilhe com o crocante de avelã. Feche o frasco ou recipiente e leve à geladeira até o momento de consumo ou transporte.

DICA Para uma receita (ainda) mais fácil, use iogurte de coco ou de soja em vez do creme de coco.

Rende 10-12 unidades
Preparo: 25 minutos
+ 30 minutos de cozimento
+ 12 horas de descanso

BAKLAVA

Essa iguaria delicada e irresistível feita com nozes e pistaches está disponível no mundo todo, então claro que não poderia faltar em sua marmita. Todos sabemos como os doces levantam o espírito, então por que não trazer um pouco de alegria a seu horário de almoço? Aproveite e embale algumas porções extras dessa guloseima vegana para oferecer a seus colegas de trabalho.

- 350 g de açúcar
- suco de ½ limão-siciliano
- 125 g de margarina vegana, mais um pouco para untar
- 200 g de nozes
- 100 g de pistache
- 1 colher (chá) de canela em pó
- 225 g de pasta yufka (em lojas de produtos turcos ou on-line), ou massa filo

1 Para fazer o xarope, leve à fervura 500 ml de água e o açúcar em uma panela. Junte o suco de limão e retire a panela do fogo. Preaqueça o forno a 200°C. Para o recheio, derreta a margarina em uma panela pequena em fogo baixo. Pique finamente as nozes e os pistaches e misture com a canela.

2 Unte uma assadeira, forre com uma folha de massa e pincele com um pouco de margarina derretida. Disponha outra folha de massa e distribua uniformemente uma parte das oleaginosas picadas por cima. Siga empilhando as folhas de massa e as oleaginosas dessa maneira, pincelando com margarina (reserve 1-2 colheres de sopa) e finalizando com uma camada de massa. Pressione as bordas da massa, unindo-as de modo que o recheio não escape. Corte em retângulos de cerca de 4 × 2 cm e pincele com a margarina reservada.

3 Asse a baklava no centro do forno por cerca de 30 minutos, até dourar. Retire do forno e regue com colheradas bem distribuídas do xarope, dando tempo para a massa absorvê-lo até usá-lo todo. Deixe descansar por aproximadamente 12 horas.

DICA

A baklava dura até 2 semanas em um recipiente bem fechado, mas não empilhe os pedaços na hora de armazená-los!

Rende 6 unidades
Preparo: 25 minutos
+ 1h40 de crescimento
+ 20 minutos de cozimento

PÃOZINHO DE PÁSCOA

Os tradicionais pinzen austríacos inspiraram essa receita de pãozinho doce especialmente prático para a marmita. A deliciosa massa leve contém passas ao rum e ganha uma cobertura de geleia de damasco polvilhada com pérolas de açúcar. O costume é comer esses pãezinhos na Páscoa, mas algo tão delicioso merece ser degustado o ano todo.

500 g de farinha de trigo, mais um pouco para polvilhar
1½ colher (chá) de raspas finas de limão-siciliano
uma pitada de sal marinho
70 g de margarina vegana
20 g de fermento biológico fresco
80 g de açúcar
2 colheres (chá) de açúcar de baunilha, ou 1 colher (chá) de extrato de baunilha
260 ml de leite de soja, ou outro de base vegetal, mais um pouco para pincelar
100 g de Passas ao rum (p. 161)
2-3 colheres (sopa) de geleia de damasco
pérolas de açúcar, para polvilhar

1 Misture a farinha, as raspas de limão e o sal em uma tigela. Adicione a margarina em colheradas pequenas e trabalhe a massa com a ponta dos dedos. Faça uma cavidade na massa e coloque o fermento dentro dela; acrescente o açúcar comum e o açúcar (ou extrato) de baunilha. Aqueça o leite de soja em uma panela em fogo alto e despeje na tigela. Polvilhe com um pouco de farinha, cubra e deixe crescer em local aquecido por cerca de 10 minutos.

2 Junte as passas ao rum à mistura de fermento e sove tudo por 10 minutos, até obter uma massa macia. Se estiver muito úmida, adicione um pouco de farinha – mas cuidado para não deixá-la muito firme. Cubra e deixe crescer em local aquecido por 1 hora.

3 Preaqueça o forno a 180°C. Forre uma assadeira com papel-manteiga. Sove ligeiramente a massa outra vez em uma superfície enfarinhada e divida-a em seis porções. Modele cada uma das porções em um rolinho comprido e largo e disponha-os na assadeira; deixe crescer por 30 minutos.

4 Faça cortes na parte de cima dos pães (ver foto). Pincele com leite de soja e asse no centro do forno por 18-20 minutos. Retire do forno, coloque em uma grade para esfriar, pincele com geleia de damasco e polvilhe com as pérolas de açúcar.

Rende 10-12 unidades
Preparo: 10 minutos
+ 12 horas de refrigeração

BISCOITO DE FLOCOS DE ARROZ E CREME DE AMENDOIM

70 g de creme de amendoim crocante ligeiramente salgado
1 colher (sopa) de margarina vegana
½ colher (chá) de canela em pó
1½ colher (sopa) de xarope de agave
15 g de flocos de arroz

Em uma tigela, misture o creme de amendoim, a margarina, a canela e o xarope de agave até uniformizar. Junte os flocos de arroz e distribua-os bem. Leve à geladeira por cerca de 15 minutos, então modele 10-12 bolinhas de massa com as mãos. Transfira para um recipiente hermético e deixe descansar por cerca de 12 horas na geladeira.

PASTEL DE GROSELHA E COCO

Rende 5 unidades
Preparo: 25 minutos
+ 15 minutos de cozimento

Para os pastéis
300 g de farinha de espelta branca, mais um pouco para polvilhar [ou farinha de trigo-sarraceno]
100 g de açúcar
1 colher (chá) de fermento químico em pó
¾ de colher (chá) de bicarbonato de sódio
30 g de coco desidratado
uma pitada de sal marinho
100 ml de leite de soja, ou outro de base vegetal
1 colher (chá) de suco de limão-siciliano
150 g de groselha [ou framboesa]
raspas finas de 1 limão-siciliano
60 g de margarina vegana macia

Para a cobertura (opcional)
50 g de groselha [ou framboesa]
150 g de açúcar de confeiteiro
coco desidratado ou ralado, para polvilhar

1 Preaqueça o forno a 220°C. Forre uma assadeira com papel-manteiga. Em uma tigela, misture com um batedor a farinha, o açúcar, o fermento, o bicarbonato de sódio, o coco desidratado e o sal. Coloque o leite de soja e o suco de limão em outra tigela, mexa e deixe descansar por 5 minutos. Enquanto isso, retire os cabinhos das groselhas. Incorpore as raspas de limão à tigela de leite e suco de limão e adicione tudo à mistura de farinha; junte também a margarina. Sove até obter uma massa macia.

2 Abra a massa em uma superfície enfarinhada até criar um retângulo de 30 × 28 cm. Espalhe uniformemente as groselhas em metade da massa e dobre a outra metade sobre o recheio, pressionando as bordas. Corte o retângulo de massa recheado em cinco triângulos iguais. Pressione novamente as bordas de massa de cada triângulo, unindo-as com firmeza. Disponha os pastéis na assadeira e asse no centro do forno por cerca de 15 minutos, até dourarem ligeiramente no topo. Deixe esfriar em uma grade.

3 Faça a cobertura (se for usar): cozinhe as groselhas em uma panela pequena com 1 colher (sopa) de água até estourarem. Passe-as por uma peneira. Peneire também o açúcar de confeiteiro, aparando em uma tigela, e incorpore aos poucos o suco de groselha até uniformizar. Pincele os pastéis com a cobertura e polvilhe com coco desidratado ou em lascas.

Rende 6 unidades
Preparo: 15 minutos
+ 25 minutos de cozimento

MUFFIN DE TANGERINA E CHIA

Esses muffins frutados vão realmente adoçar seu escritório! Eles têm um tamanho prático e recebem da tangerina uma suculência adocicada irresistível, equilibrada com perfeição pela combinação de farinhas de trigo e de espelta.

- 50 g de farinha de rosca
- 75 g de farinha de trigo
- 25 g de farinha de espelta integral
- ½ colher (chá) de bicarbonato de sódio
- ¾ de colher (chá) de fermento químico em pó
- 1 colher (chá) de chia
- 75 g de açúcar
- 125 g de iogurte de soja, ou outro de base vegetal
- 2 colheres (sopa) de leite de soja, ou outro de base vegetal
- 25 g de xarope de agave
- 2 colheres (sopa) cheias de óleo
- ½ colher (chá) de óleo de tangerina comestível (opcional; em lojas de produtos naturais ou on-line)
- suco e raspas de 2 tangerinas

1 Preaqueça o forno a 180°C. Coloque seis forminhas de papel em uma assadeira para muffin. Em uma tigela, misture com um batedor os três tipos de farinha, o bicarbonato de sódio, o fermento, a chia e o açúcar.

2 Em outra tigela, misture o iogurte, o leite, o xarope de agave, o óleo e o óleo de tangerina (se for usar). Junte o suco e as raspas de tangerina. Use uma colher para combinar o creme de iogurte com a mistura de farinha até homogeneizar e obter uma consistência macia.

3 Distribua a mistura nas forminhas de muffin, enchendo apenas dois terços de cada uma delas. Asse no centro do forno por cerca de 25 minutos, até dourar. Insira um palito de madeira na massa: se ele sair limpo, o muffin está pronto. Caso contrário, cozinhe por mais alguns minutos e teste novamente. Retire da assadeira os muffins nas forminhas e deixe esfriar em uma grade.

Rende 10 unidades
Preparo: 35 minutos
+ 2 horas de crescimento
+ 20 minutos de cozimento

CARACOL DE CANELA

COM COBERTURA DE CASTANHA-DE--CAJU, NOZ-PECÃ E MAPLE SYRUP

1 Para a cobertura, cubra as castanhas-de-caju com água fria e deixe de molho. Faça a massa: em uma tigela, misture com um batedor os dois tipos de farinha, o açúcar, o fermento, o sal e a noz-moscada. Aqueça o purê de maçã, o leite de soja e a margarina em uma panela em fogo baixo e mexa. Retire a panela do fogo, espere esfriar e adicione à mistura de farinha. Sove por 10 minutos, até obter uma massa macia e flexível. Cubra e deixe crescer em local aquecido por 1½ hora.

2 Sove ligeiramente a massa outra vez em uma superfície de trabalho enfarinhada e abra-a até formar um retângulo. Para fazer o recheio, derreta a margarina em uma panela pequena em fogo médio. Junte os dois tipos de açúcar e a canela e espalhe a misture uniformemente sobre a massa. Enrole a massa a partir de uma das laterais mais compridas e corte em fatias de 5 cm de espessura. Forre uma assadeira com papel-manteiga. Achate delicadamente os caracóis, disponha-os na assadeira, cubra e deixe crescer por mais 30 minutos.

3 Preaqueça o forno a 180°C. Pincele os caracóis com leite de soja e asse no centro do forno por 18-20 minutos. Retire do forno e deixe esfriar.

4 Para preparar as nozes-pecãs, coloque o açúcar em uma panela com 2½ colheres (sopa) de água e caramelize delicadamente em fogo médio. Acrescente as nozes-pecãs, transfira a mistura para um pedaço de papel-manteiga e deixe esfriar. Pique finamente as nozes-pecãs com uma faca afiada.

5 Escorra as castanhas-de-caju em uma peneira. Bata-as no processador de alimentos com um pouco de maple syrup até homogeneizar, adicionando água, se necessário. Espalhe a cobertura de castanha-de-caju sobre os caracóis de canela e polvilhe com as nozes-pecãs caramelizadas.

Para a cobertura de noz-pecã
200 g de castanha-de-caju
50 g de açúcar demerara
100 g de noz-pecã
maple syrup

Para a massa
300 g de farinha de trigo, mais um pouco para polvilhar
150 g de farinha de espelta integral (ou farinha de trigo-sarraceno)
3 colheres (sopa) de açúcar
7 g de fermento biológico seco
1 colher (chá) de sal marinho
uma pitada de noz-moscada moída na hora
140 g de purê de maçã
150 ml de leite de soja, ou outro de base vegetal, mais um pouco para pincelar
80 g de margarina vegana

Para o recheio
60 g de margarina vegana
60 g de açúcar demerara
60 g de açúcar
3 colheres (chá) quase cheias de canela em pó

Rende 1 torta de 24 cm / 12 pedaços
Preparo: 40 minutos
+ 50 minutos de crescimento
+ 45 minutos de cozimento

REDEMOINHO DE FRAMBOESA E CHOCOLATE

Para a massa
- 450 g de farinha de trigo, mais um pouco para polvilhar
- 50 g de cacau em pó
- uma pitada de sal marinho
- ½ colher (chá) de raspas finas de 1 limão-siciliano
- 180 g de açúcar
- 70 g de margarina vegana macia, mais um pouco para untar
- 220 ml de leite de soja, ou outro de base vegetal
- 20 g de fermento biológico fresco

Para o creme
- 380 ml de leite de soja, ou outro de base vegetal
- 50 g de açúcar
- 1 colher (sopa) de essência de baunilha
- 75 g de amido de milho

Para o recheio
- 60 g de chocolate amargo vegano
- 250 g de framboesa
- 20 g de amido de milho
- 20 g de açúcar de confeiteiro

Para a decoração (opcional)
- 50 g de chocolate amargo vegano
- 1 colher (chá) de óleo de coco
- 50 g de framboesa

Equipamento especial
fôrma redonda desmontável de 24 cm

1 Para fazer a massa, misture com um batedor a farinha, o cacau em pó, o sal, as raspas de limão e metade do açúcar em uma tigela. Adicione colheradas de margarina e incorpore com os dedos. Faça uma cavidade no centro da mistura. Em uma panela, aqueça o leite de soja em fogo baixo, despeje-o na cavidade e coloque ali o fermento. Polvilhe com o açúcar restante e um pouco de farinha. Cubra e deixe crescer em local aquecido por cerca de 10 minutos. Mexa mais uma vez e sove a massa por 10 minutos, até ficar macia. Cubra e deixe crescer novamente em local aquecido por 40 minutos.

2 Enquanto isso, faça o creme: em uma panela, ferva metade do leite de soja com o açúcar e a essência de baunilha em fogo alto. Dissolva o amido de milho no leite restante. Assim que o leite da panela ferver, retire do fogo e adicione o amido dissolvido, mexendo constantemente. Recoloque a panela no fogo e ferva novamente, sempre mexendo. Retire do fogo e deixe esfriar. Mexa de vez em quando para não formar uma película sobre o creme.

3 Unte uma fôrma redonda desmontável de 24 cm. Pique grosseiramente o chocolate para o recheio. Abra a massa em uma superfície de trabalho enfarinhada, formando um retângulo de cerca de 40 × 30 cm. Espalhe o creme sobre a massa e distribua o chocolate picado e as framboesas. Misture à parte o amido de milho e o açúcar de confeiteiro e peneire por cima do recheio.

4 Preaqueça o forno a 180°C. Corte o retângulo de massa em quatro tiras de 4 cm de largura. Enrole uma das tiras no formato de um caracol e disponha no centro da fôrma. Posicione as outras tiras ao redor da primeira, formando uma espiral até a borda da fôrma. Asse no centro do forno por 40-45 minutos. Se dourar demais após 15 minutos, cubra com uma folha de papel-vegetal. Retire do forno e deixe esfriar em uma grade.

5 Se for fazer a decoração, pique o chocolate e derreta-o com o óleo de coco em banho-maria. Mexa bem e use para decorar o bolo, finalizando com as framboesas.

Rende 1 trança grande
Preparo: 30 minutos
+ 1h40 de crescimento
+ 35 minutos de cozimento

TRANÇA TRIPLA DE NOZES

Nozes, amêndoas e avelãs formam um conjunto fabuloso nessa trança de pão. Fica mais gostosa do que qualquer item comprado em padaria e ainda é feita sem nenhum produto animal. Comida caseira é sempre melhor – depois de pronta, é só apreciar o resultado!

Para a massa

- 500 g de farinha de trigo, mais um pouco para polvilhar
- ½ colher (chá) de sal marinho
- 70 g de margarina vegetal macia, mais um pouco para untar
- 20 g de fermento biológico fresco
- 80 g de açúcar
- 1 colher (chá) de açúcar de baunilha, ou ½ colher (chá) de extrato de baunilha
- 260 ml de leite de amêndoa, ou outro de base vegetal

Para o recheio

- 100 g de noz moída
- 100 g de amêndoa moída
- 100 g de avelã moída
- 3 colheres (sopa) generosas de farinha de rosca integral
- 2 colheres (sopa) de margarina vegana
- 8 colheres (sopa) de xarope de agave
- 2 colheres (sopa) de açúcar de baunilha, ou 2 colheres (chá) de extrato de baunilha
- ½ colher (chá) de canela em pó
- 220 ml de leite de amêndoa, ou outro de base vegetal
- 200 g de geleia de damasco

1 Para fazer a massa, misture a farinha e o sal em uma tigela. Adicione colheradas de margarina e incorpore com os dedos. Faça uma cavidade na mistura, coloque dentro o fermento e polvilhe com o açúcar comum e o açúcar (ou extrato) de baunilha. Em uma panela, aqueça o leite de amêndoa em fogo baixo e despeje na tigela. Polvilhe com um pouco de farinha, cubra e deixe crescer em local aquecido por cerca de 10 minutos. Sove por 10 minutos para criar uma massa macia. Cubra e deixe crescer em temperatura ambiente por no mínimo 1 hora. Sove a massa novamente e deixe crescer por outros 30 minutos.

2 Enquanto isso, para o recheio, misture em uma tigela as nozes, as amêndoas e as avelãs trituradas com a farinha de rosca. Coloque a margarina em uma panela grande com o xarope de agave, o açúcar (ou extrato) de baunilha, a canela e o leite de amêndoa e leve à fervura em fogo médio, então mexa bem. Incorpore a mistura de oleaginosas e retire do fogo.

3 Preaqueça o forno a 180°C. Unte uma assadeira com margarina. Abra a massa, formando um retângulo com 5 mm de espessura. Espalhe sobre ela a geleia de damasco e cubra com o recheio de nozes. Enrole a massa a partir de uma das laterais mais compridas e pressione com delicadeza para selar. Corte o rolo no sentido do comprimento uma ou duas vezes e torça os pedaços entre si, de modo que as pontas cortadas fiquem para cima, formando uma corda ou uma trança. Disponha na assadeira e asse no centro do forno por 30-35 minutos, até dourar. Retire da assadeira e deixe esfriar em uma grade.

Rende 1 bolo inglês de 20 cm
Preparo: 30 minutos
+ 50 minutos de cozimento

SUPERBOLO DE CHOCOLATE

Esse bolo com certeza merece seu nome! Ele contém não apenas cacau em pó, mas também pedaços de chocolate e outros dois tipos de chocolate veganos derretidos na cobertura. Porque de uma coisa temos certeza: chocolate nos faz mais felizes. Ótimo para um dia chuvoso no trabalho.

Para o bolo
margarina vegana, para untar
150 g de farinha de trigo, mais um pouco para polvilhar
100 g de farinha de espelta branca
130 g de açúcar
1 colher (sopa) de açúcar de baunilha, ou 1½ colher (chá) de extrato de baunilha
1½ colher (chá) de bicarbonato de sódio
40 g de cacau em pó
60 g de chocolate amargo vegano picado
4 colheres (sopa) de leite de soja, ou outro de base vegetal
2 colheres (chá) de vinagre de vinho branco
4 colheres (sopa) de óleo vegetal
220 ml de água mineral com gás

Para a cobertura
60 g de chocolate amargo vegano
1 colher (sopa) de creme de soja, ou outro de base vegetal
20 g de chocolate branco vegano

Equipamento especial
fôrma de bolo inglês de 20 cm

1 Preaqueça o forno a 180°C. Unte a fôrma com margarina e polvilhe com farinha. Em uma tigela, misture com um batedor os dois tipos de farinha, o açúcar comum, o açúcar (ou extrato) de baunilha, o bicarbonato de sódio e o cacau em pó.

2 Em outra tigela, misture o leite de soja e o vinagre e deixe descansar por 10 minutos; então, junte o óleo. Adicione essa mistura à tigela de farinha e despeje a água mineral, mexendo bem, mas delicadamente, com uma colher até obter uma consistência macia. Incorpore o chocolate picado. Transfira imediatamente a massa para a fôrma untada e asse no centro do forno por 50 minutos. Retire do forno e deixe esfriar em uma grade.

3 Para fazer a cobertura, pique o chocolate amargo, misture ao creme em uma panela com fundo grosso e derreta em fogo baixo. Despeje a cobertura sobre o bolo e espere secar. Derreta o chocolate branco em banho-maria. Transfira para um saco para confeitar descartável, corte uma das pontas e, com movimentos rápidos, desenhe um padrão decorativo na superfície do bolo. Deixe descansar, depois fatie e embale na marmita.

Rende 2 unidades
Preparo: 30 minutos

PANQUECA DE TRIGO--SARRACENO COM MAÇÃ CARAMELIZADA

A massa sem glúten dessas panquecas é feita com a substanciosa farinha de trigo-sarraceno. A maçã traz doçura e umidade à receita e, caramelizada, rende um belo visual. Também é possível preparar uma versão salgada (ver dica abaixo).

125 g de farinha de trigo-sarraceno
1 colher (chá) de fermento químico em pó
sementes raspadas de ¼ de fava de baunilha [ou algumas gotas de extrato de baunilha]
1 colher (sopa) de açúcar
uma pitada de sal marinho
300 ml de água mineral com gás bem gelada
1 maçã
suco de ½ limão-siciliano
3 colheres (sopa) de óleo vegetal sem sabor
25 g de açúcar demerara

1 Em uma tigela, misture a farinha, o fermento, a baunilha, o açúcar e o sal. Adicione a água mineral e mexa até obter uma consistência macia. Descasque e corte a maçã em quartos, remova o núcleo e fatie finamente. Coloque as fatias de maçã em uma tigela pequena com água e o suco de limão.

2 Aqueça metade do óleo em uma frigideira, adicione metade da massa, espalhando-a se necessário, e cubra com metade das fatias de maçã. Frite em fogo médio até as bordas firmarem. Polvilhe com metade do açúcar. Vire e panqueca e frite o outro lado até dourar também, então retire da frigideira. Prepare a segunda panqueca da mesma maneira, usando os ingredientes restantes. Espere esfriar e embale na marmita. Sirva quente ou frio.

DICA

As fatias de maçã podem ser servidas em separado das panquecas. Para uma alternativa salgada, prepare as panquecas com os legumes de sua preferência, como cebola ou pimentão picado, milho, sal ou ervas frescas.

ÍNDICE

OS AUTORES...

Após se formar como chef e técnico gastronômico, Jérôme Eckmeier trabalhou em diversos restaurantes de prestígio na Alemanha e outros países. Ele cozinha e pratica a culinária vegana há muitos anos e sempre apresenta novos e inspiradores pratos veganos em seu programa culinário on-line e em seu blog.

*Gostaria de agradecer a minha esposa, Melanie (por ser tão paciente comigo), a nossos filhos e a meus pais. Obrigado também a: Franz e Traute, Marius e Frauke, a família Keller, dr. Norbert Knitsch, o clã Eckmeier, da região do Ruhr, os rapazes da Budo Nüttermoor, meu sensei Hardwig Tomic, Markus, da Little Harbour Tattoo, a Sociedade Vegetariana Alemã [VEBU], Bernd Drosihn, da Tofutown, Sebastian Bete, do OZ [*Ostfriesen-Zeitung*: jornal alemão local], Erwin e Sandra, Ingo Jäger, Tatjana e Boris Seifert, Brigitte "o sol" Kelly, Nicole Bader, Andreas Kessemeier e a equipe da Pool Position, Mike Beuger, do escritório de advocacia WBS em Colônia, Vik e Tina, a equipe do VHS Leer [centro de educação para adultos],* Vegetarisch Fit *[revista alemã: Vegetarianos saudáveis], cinemadirekt Berlin, Keimling Naturkost [loja de produtos naturais] Jan Bredack e família, a equipe da Veganz, Baola Munich, Chris, do myey.info, Roadhouse Herbrum e todo o pessoal maluco que apoia meu trabalho.*

Foto: © Boris Seifert

Jérôme Eckmeier

Daniela Lais atuou como jornalista freelance por mais de uma década e hoje trabalha na padaria vegana do prestigioso restaurante vegetariano/vegano Ginko, em Graz, na Áustria. É vegana há mais de dez anos e incorpora esse estilo de vida em seu trabalho e em suas viagens também.

Gostaria de agradecer a meu parceiro Michael por ter sido um excelente degustador de comida para este livro e por sempre oferecer sua opinião encorajadora e sincera. Obrigada também a meus pais e àqueles amigos que apreciaram minhas criações e me deram apoio. Agradeço a meus amigos americanos Janet, Steven e Denise, que me inspiraram a inventar tantas receitas e que me incentivam sempre a realizar minhas ideias e meus sonhos. Obrigada a minha cachorra Lilly, que preenche minha vida de tantas maneiras. Agradeço especialmente a editora DK, sobretudo a Sarah Fischer, que trabalhou com tanto entusiasmo para que eu criasse meu livro perfeito. A Sabine Durdel-Hoffmann, Brigitte Sporrer, pela fotos fantásticas, a Jérôme Eckmeier e à Sociedade Vegetariana Alemã [VEBU]. Obrigada também a meus colegas padeiros em Graz, sobretudo Franziska Gregor, que é para mim um exemplo como pessoa, ativista dos direitos animais e padeira. Agradeço a todos que se comprometem com o bem-estar e os direitos dos animais, a meus ótimos fornecedores de café, que me mantém alerta e em atividade, e a todos que me apoiam em minha jornada de vida.

Foto: arquivo pessoal

Daniela Lais

Título original: *Vegan On The Go*

Publicado originalmente no Reino Unido em 2017 pela Dorling Kindersley Limited, uma empresa da Penguin Random House, 80 Strand, Londres WC2R 0RL, Inglaterra.

Coordenação do projeto: Publifolha
Editora-assistente: Isadora Attab
Produtora gráfica: Samantha R. Monteiro

Produção editorial: Página Viva
Tradução: Tácia Soares
Edição: Carlos Tranjan
Consultoria: Marta da Cunha Pereira, Valéria Elena Paioli
Revisão: Janaína Souza

DK Reino Unido:
Editora: Lucy Bannell
Tradutora: Alison Tunley
Editora sênior: Kathryn Meeker
Editora de arte sênior: Glenda Fisher
Designer de capa: Steve Marsden
Produtora de pré-produção: Catherine Williams
Produtora: Stephanie McConnell
Suporte técnico criativo: Sonia Charbonnier
Editora-chefe: Stephanie Farrow
Editora de arte chefe: Christine Keilty

DK Alemanha:
Publisher: Monika Schlitzer
Editora sênior: Caren Hummel
Editora de projeto: Sarah Fischer
Produtora: Dorothee Whittaker
Coordenadora de produção: Arnika Marx
Produtora: Christine Rühmer

Fotografia: Brigitte Sporrer
Food styling: Julia Skowronek
Design: Sonja Gagel
Editoras: Sabine Durdel-Hoffmann, Karin Kerber

Dados Internacionais de Catalogação na Publicação (CIP)
(Câmara Brasileira do Livro, SP, Brasil)

Eckmeier, Jérôme
Marmita vegana : rápida, fácil, acessível a qualquer hora e em qualquer lugar / Jérôme Eckmeier, Daniela Lais ; fotos de Brigitte Sporrer ; [tradução Tácia Soares]. -- São Paulo : Publifolha, 2017

Título original: Vegan on the go
ISBN: 978-85-68684-96-2

1. Culinária vegana 2. Receitas veganas I. Lais, Daniela. II. Sporrer, Brigitte. III. Título.

17-06673 CDD-641.5636

Índices para catálogo sistemático:
1. Receitas veganas : Culinária 641.5636

Este livro segue as regras do Acordo Ortográfico da Língua Portuguesa (1990), em vigor desde 1º de janeiro de 2009.

Impresso na China.

PUBLIFOLHA
Divisão de Publicações do Grupo Folha
Al. Barão de Limeira, 401, 6º andar
CEP 01202-900, São Paulo, SP
www.publifolha.com.br

UM MUNDO DE IDEIAS
www.dk.com

Nota do editor

Apesar de todos os cuidados tomados na elaboração das receitas deste livro, a editora não se responsabiliza por erros que possam acontecer durante o preparo dos pratos.

Certifique-se de que os ingredientes adquiridos não contêm traços de produtos de origem animal em sua composição.

Pessoas com restrições alimentares, grávidas e lactantes devem consultar um médico especialista sobre os ingredientes de cada receita antes de prepará-la.

As fotos deste livro podem conter acompanha-mentos ou ingredientes meramente ilustrativos.

Observações, exceto se orientado de outra forma:
Use sempre ingredientes frescos.
O forno deve ser preaquecido na temperatura indicada na receita.

Equivalência de medidas:
1 colher (chá) = 5 ml
1 colher (sopa) = 15 ml
1 xícara (chá) = 250 ml

Nas listas de ingredientes, as indicações entre colchetes correspondem à consultoria culinária específica para a edição brasileira.